HELLO 你好摩托车
MOTORBIKE

吴速军 编著

科学出版社

北京

内 容 简 介

本书通过 200 余幅手绘图，由浅入深地介绍摩托车的基本操控技巧以及略复杂一些的复合操控，包括骑乘姿势、制动控制、保持平衡、坡起和紧急避险、摩托车的特性等，这些内容既可单独理解，也可以在各种骑行场景下结合起来实际体验。书中的操控知识点以驾校使用的街车为基础，具有普遍性、通用性。对于刚接触摩托车的新手来说，易于理解和接受。此外，最后一章附有经典摩旅线路，包括 G317 川藏北线、G214 大理至拉萨段、G318 成都至拉萨段、G109 西宁至拉萨段、北疆环线、南疆环线、独库公路等，每条线路均有详尽的住宿信息。

本书适合摩托车爱好者阅读参考。

图书在版编目（CIP）数据

你好，摩托车 / 吴速军编著. — 北京：科学出版社，2024.1
ISBN 978-7-03-076913-8

Ⅰ. ①你… Ⅱ. ①吴… Ⅲ. ①摩托车－驾驶术 Ⅳ. ①U483.09

中国版本图书馆CIP数据核字（2023）第216674号

责任编辑：杨 凯 / 责任制作：周 密 魏 谨
责任印制：肖 兴 / 封面设计：杨安安

北京东方科龙图文有限公司 制作

科 学 出 版 社 出版
北京东黄城根北街16号
邮政编码：100717
http://www.sciencep.com

三河市春园印刷有限公司 印刷
科学出版社发行 各地新华书店经销

*

2024年 1 月第 一 版 开本：880×1230 1/32
2024年 1 月第一次印刷 印张：6 1/4
字数：188 000

定价：**58.00元**
（如有印装质量问题，我社负责调换）

前　言

　　在这个网络和自媒体高度发达的年代，你的骑行感受和在山川中的惬意能瞬间传递给万里之外的人，感染众人暂时放下柴米油盐和朝九晚五的生活，或近或远去放松自我。摩托车也在这潮流中逐渐由纯粹的代步工具转变为兼顾代步的灵魂载体。

　　有的人买车热衷于个性化，从减震、排气再到轮胎，永无止境；有的人就是喜欢折腾，逛车行、聊车、试车、砍价，对心仪的车有想法那一刻起，基本就无法自拔了，直到付款提车才能"解毒"。"这次买了就再也不换了"说出这句话的同时，基本上就已经在下一次"中毒"的起点上了。

　　摩托车的乐趣只有在远行的路上才能体验得到。人与车形成一体，与宏大的山、川、路融为一体，尤其是在从未走过的连续弯道上，那种快感，令人着迷。车，还是那辆车，在院子里沉睡，还是让它轰鸣在路上，取决于你。就像 Vangelis 的《Across the Mountains》，闷在屋里用手机听，还是在草原天路上停在路边，望着绵延起伏、一望无际的绿毯，用森海塞尔的 HD650 听⋯⋯

　　笔者喜欢"挎子"，Zündapp 和 R75 的传说烂熟于心。后来机缘巧合入手了一台行驶里程仅 500km 的长江 750，黑色素车，每一根辐条和轮圈都擦得锃亮，虽然只有 24 马力，但每次出行总能引来路人好奇的目光。骑到报废之后停放在院子里，擦车时闻着车身那熟悉的味道，偶尔发动一下听听那熟悉的排气音⋯⋯后来随着可选择的车型越来越多，日常代步的小踏板和中排量挂挡车换了一台又一台，但作为看家的挂挡车，最终还是选择并保留了拳击手发动机的车型。

　　物以类聚，人以群分。最纯粹、最持久的关系，非摩托群莫属。我和 2013 年上牌时认识的几个朋友互加微信一路走到今天也是个缘分。自那之后就找到了组织，有了精神寄托。群里既有精通美食的谢哥，也有热情奔放的舞蹈丁教师，还有从法式烘焙师华丽变身为摩托车销售冠军的小姐姐，以及以近 100km 的时速过弯的老崔和每次进山都越线的斑鸠……

像这样三五同好聚在一起除了聊改车、摩旅、美食和美景之外，话题同样会触及操控。哪个弯有遗撒浮沙、谁谁谁刚出隧道又越中线了……回城之后的饭桌上，对一天跑下来的每一个细节都津津乐道。其实提高操控水平的唯一目的，就是预判骑行过程中的"潜在危险"，让骑行变成一件安全、踏实、快乐的事情。为什么偏移身体重心摩托车就能倾斜并形成舵角？什么情况下用降挡补油？湿滑路面如何操控？对这些，如果以"知道不知道又能怎么样，反正拧油门沿着车线走就行了"这种茫然的心态去骑行，必然会给自己埋隐患。为此，笔者将公共道路上安全骑行的初级操控方法和原理以图文搭配的方式展现给初学摩托车的朋友，并附加了其他实用信息。希望这些内容对热爱摩托车和远行的朋友们有所帮助。

由于水平有限，本书并未追求"操控大全"的效果，书中分享给大家的大多是通用性强的内容，读者可以结合自己的车型和实际用车环境灵活运用。同一个弯道，既可以以人车同倾的姿势低速平稳地通过，也可以在确保安全的前提下寻求些许快乐，没有绝对的对与错。

吴速军

目　　录

第 1 章　熟悉车辆

摩托车的基本结构 ……………………………………………… 2

如何支起、收起大撑 …………………………………………… 4

推　车 …………………………………………………………… 6

扶起倒地的摩托车 ……………………………………………… 8

第 2 章　骑乘姿势

调节骑乘姿势 …………………………………………………… 14

关于坐的前后位置 ……………………………………………… 15

正确的骑乘姿势（以街车为例）……………………………… 16

加速姿势与减速姿势 …………………………………………… 17

手、腕、肩和肘部 ……………………………………………… 18

操控离合、制动手柄的几种手指搭配 ………………………… 20

脚的位置 ………………………………………………………… 22

不同车型的骑乘姿势 …………………………………………… 23

第 3 章　制动控制

后轮制动 ………………………………………………………… 28

前轮制动 ………………………………………………………… 29

发动机制动 ……………………………………………………… 30

制动方式和相应的制动距离 …………………………………… 31

制动力分配和双腿夹 …………………………………………… 32

在指定位置紧急停车（40km/h）……………………………… 33

第 4 章　起步和停车

顺畅的起步加速 ·· 38

起步时的脚部动作 ·· 39

停车时的脚部动作 ·· 40

关于半离合 ··· 41

第 5 章　保持平衡

直线狭窄道路（独木桥） ·· 44

通过弯道的几种姿势 ·· 45

保持安全的过弯速度 ·· 48

8 字课目 ·· 49

S 字课目 ·· 51

连续直角课目 ·· 54

连续绕桩课目 ·· 56

第 6 章　坡起和紧急避险

坡　起 ··· 60

向左向右紧急避险 ·· 62

按照指示的方向紧急避险并停车 ···································· 63

第 7 章　摩托车的特性

骑乘摩托车时的视野 ·· 66

不同轮胎的抓地力 ·· 67

车把自然转向 ·· 68

和操控相关的施力方向 ··· 69

牵引力 ··· 72

车速和舵角的关系 ······························· 73

视线和转向的关系 ······························· 74

拖曳距与前倾角 ································ 75

第 8 章　复合操控

降挡补油 ··································· 78

利用释放制动倾斜车身实现转向（1）··········· 79

利用释放制动倾斜车身实现转向（2）··········· 81

利用发动机制动和后轮制动转向 ··············· 83

分离离合器拐小弯 ····························· 87

满舵起步掉头 ································ 88

用油门控制弯道平衡 ························· 89

如何获得轮胎抓地的感觉 ····················· 97

倾斜身体的方式因弯道类型而变化 ············ 100

简单的沉腰方法 ······························ 104

感觉要冲出弯道或突遇障碍物时 ·············· 111

湿滑路面的驾驶 ······························ 114

通过弯道时如何选择挡位 ···················· 117

如何以合理舵角通过弯道 ···················· 120

通过发卡弯 ································ 126

反推法 ··································· 130

外内内过弯法 ································ 132

仿赛骑行姿势（1）···························· 140

仿赛骑行姿势（2）···························· 141

仿赛骑行姿势（3）···························· 142

仿赛骑行姿势（4）······················· 144

仿赛骑行姿势（5）······················· 147

关于满胎······························· 149

第 9 章　经典摩旅线路

高原长途摩旅须知······················· 154

G219 白哈巴至英吉沙段··················· 156

G219 叶城至拉萨段······················· 158

G317 川藏北线··························· 160

G214 大理至拉萨段······················· 162

G318 成都至拉萨段（川藏南线）············· 164

丙察察至拉萨····························· 166

G109 西宁至拉萨段（青藏线）·············· 168

北疆环线······························· 170

南疆环线······························· 172

独库公路······························· 174

G312 星星峡至霍尔果斯段················· 176

G335 伊吾至塔城段······················· 178

G315 若羌至喀什段······················· 180

附　录

护　具································· 184

更换机油······························· 185

快速补胎······························· 187

清洗链条······························· 189

第 1 章
熟悉车辆

摩托车是以骑手偏移身体重心实现转向的两轮机动车。

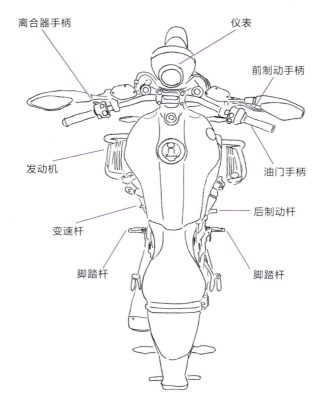

离合器手柄

仪表

前制动手柄

发动机

油门手柄

后制动杆

变速杆

脚踏杆

脚踏杆

1885 年 8 月 29 日，德国人戈特利布·戴姆勒把经过改进的汽油引擎装到木制的两轮车上，制成世界上第一辆摩托车，并获得了专利。这辆摩托车使用 260mL 直立式单缸四冲程引擎，每分钟 700 转，0.5 马力，装有两挡变速器，最高时速可达 12km。

现代摩托车采用两冲程和四冲程汽油发动机。以四冲程发动机为例，通过吸气、压缩、膨胀、排气这四个行程将热能转换为机械能，经过离合器、变速箱、传动系统，传递到摩托车后轮，驱动摩托车向前行驶。

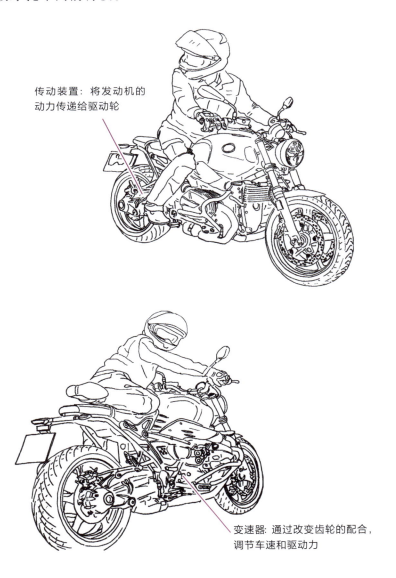

传动装置：将发动机的动力传递给驱动轮

变速器：通过改变齿轮的配合，调节车速和驱动力

● **支起大撑的方法**

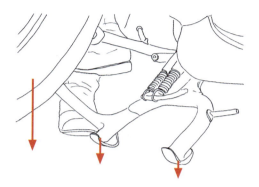

支起大撑前关闭点火开关，此时无法施加制动，需要挂入空挡之外的挡位，随后脚踩大撑可以发力的支架，使两条支腿都牢靠地着地。

左手攥住车把，右手攥住乘客扶手，脚踩的同时，右手向斜上方发力。右脚尖要朝向车尾。整个过程要快，一气呵成。

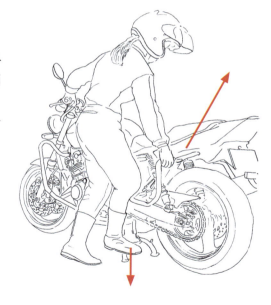

● **收起大撑的方法**

双手扶把，使车把指向前方，随后向后拉一下车把，产生一个反作用力，再向前推，使大撑自动收起，然后攥前制动手柄，使车停稳。

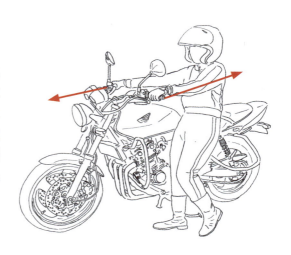

📍 POINT

放下边撑时的注意事项

放下边撑时，要留意路面的状态。如果是松软或倾斜的路面，边撑在车重的作用下有可能失灵。此外，边撑没有牢靠地放至极限位置极有可能引发原地倒车。

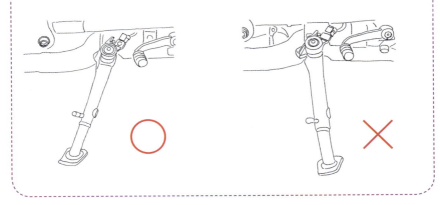

推 车

推车，是指关闭发动机推着走的状态。拥有自己的摩托车，几乎每天都要推出推进，或变换方向和位置，所以初学者要熟练掌握推车技能。推车并不是用臂力，而是要用腰。刚推的瞬间会感觉有些沉重，一旦动起来了就比较轻松。

● **向前推**

双手扶把，车身朝向正前方。

开始推动时步子要小、慢。车动起来后，步子可以大一些，身体不要离开车身太远。如果车身过度倾斜，支撑就很费力，很难向前推动。推车时上半身可以微微前倾，腰部用力，右手指搭在前制动器手柄上，以防万一。视线看得远一些，看近处容易失衡。

● **向后推**

车身保持直的状态，缓慢起步，步子要小。左手扶把撑住车身并调整方向，右手扶后座或乘客扶手。动起来后步子可以迈得大一些，腰部用力，身体不要过于离开车身。注意，脚要朝着行进方向。

● 向左推

车身微微向左倾斜，腰部用力，以起到支撑作用，自然而然向左转向，步伐要小。和左手相比，右手发力要更多一些。

● 向右推

和向左推相比，难以用腰部抵住油箱侧面助力。向右推行时车身倾斜幅度要更小一些。车把向右转动到需要的角度，步子要略大，左手用力，车体略微向左倾斜。向右推行时严禁急刹车，因为很容易失去平衡原地倒车。

中大型摩托车基本都在 200kg 以上，一旦倒地，扶起时就需要一定的技巧。

● 从左侧扶起

先将启动钥匙拧至 OFF 的位置，防止误操作造成车辆启动。随后分离离合器，用手挂上挡位，防止车扶正后前后移动。

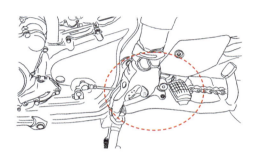

在倒地状态的摩托车前蹲下，左手攥住靠近地面的车把并向左打到底，右手攥住同一侧的车架结构或后扶手（大多在后座侧面），将胸和肚子紧贴到油箱上，用腿和胸腹部发力，双臂起辅助作用，抱住摩托车连同自己的身体整体向另一侧倒过去。

注意：下蹲时不可将膝盖完全弯曲一蹲到底，弯 80% 的姿势即可；尤其**不能弯曲后背**，一用力可能会损伤脊柱。

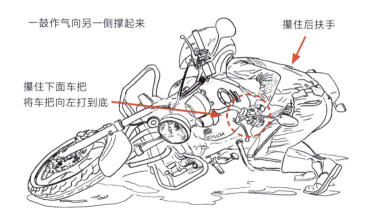

一鼓作气向另一侧撑起来　　　　　　　　攥住后扶手

攥住下面车把
将车把向左打到底

接近垂直状态时动作要放缓慢，越接近垂直越不需要用力。从开始用力到扶正要一气呵成。

伸直后背，胸和肚子紧贴在油箱上

● 从右侧扶起

先将启动钥匙拧至 OFF 的位置，防止误操作造成启动。随后分离离合器，用手挂上挡位，防止车扶正后前后移动。

扶起摩托车之前，先用手将边撑放下，使其处于能触地的位置。右手扶车把，左手攥住后座乘客扶手或护杠。在车把向右打满的状态下弯腰蹲下，仔细看好脚用力的位置。用腰和双臂，一鼓作气向上同时用力，接近车身竖直状态的时候，慢慢使边撑腿触地。

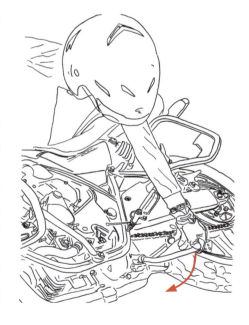

● **其他扶起方式**

两只手分别攥住车把和边箱护杠，用腰部和伸腿的力量将车顶起来。

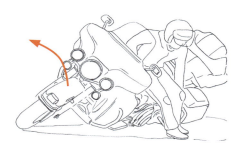

将车把向右侧打满，双手攥住尽可能远离车体的车把，向上用力扶起。

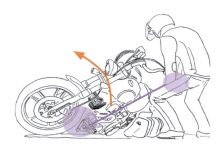

📍 **POINT**

留神鞋带和裤腿

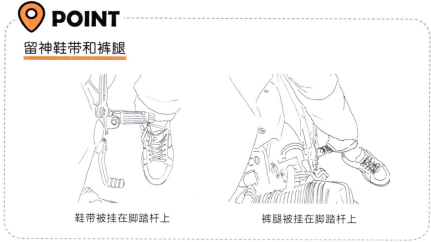

鞋带被挂在脚踏杆上　　　　　裤腿被挂在脚踏杆上

● 原地摔车的原因

① 由于座高原因脚着地费力。

② 推车过程中车体重心偏向身体另一侧。

③ 推车过程中踩到沙子。

④ 忘记放下边撑或没有放到极限。

⑤ 抬腿上车时腿剐到车座或边箱边包。

⑥ 斜坡上停车时没有挂入 1 挡。

⑦ 刚一起步就前轮猛制动。

⑧ 掉头时熄火。

⑨ 鞋带或裤腿被剐住。

⑩ 停车时双脚着地。

⑪ 下车时未注意地面的不平整。

⑫ 跨在摩托车上向旁边和后边看。

⑬ 因突发情况下意识地将前制动手柄一攥到底。

⑭ 推车或低速行驶时前制动手柄操作不当。

● 防止原地摔车的方法

① 尽量下车推着掉头。

② 停车时挂入 1 挡。

③ 彻底放下边撑后再下车。

④ 刚一起步就需要拐直角时，将动作分解为"朝前起步"→"弯中分离离合器"→"拐过来之后再直行"，而不是接合离合器的状态下拐弯。

⑤ 将确认安全和起步分开做。

⑥ 新手拐弯和起步不能同时做。

⑦ 停车的瞬间把车把向右打一点，便于左脚着地。

⑧ 养成停车瞬间先用左脚着地的习惯。

⑨ 下车前仔细观察脚底下。

⑩ 以安全的、自己能控制的速度骑行。

⑪ 低速行驶时使用后制动，停车的瞬间松开前制动手柄，以后制动的力量停稳。

第2章
骑乘姿势

先支起大撑（没有大撑的挂上 1 挡，支好边撑），跨上摩托车。

① 脚：脚尖（大脚趾根部）踩在脚踏杆上，使大脚趾根部尽可能贴近脚踏杆最内侧。

② 确定坐的位置：双脚都踩准脚踏杆之后，起身站起来挺起上半身，然后顺其自然直接落座的位置就是正确的位置，应该和油箱还有一拳的距离（拥堵和极低速就靠前坐，过弯场景多就适当靠后坐）。

③ 肩部：放松肩膀，甚至主动往下降低肩膀高度都可以。

④ 腰部：向前探腰，不是用手去够车把，而是向前探腰去"迎"车把。用下半身支撑身体，放松两条胳膊。顺其自然握住车把时，在某些车型上会自然形成猫腰姿势，这是采用正确骑乘姿势的结果，而不是目的。反过来也不能形成弓腰，容易造成撑着双臂的姿势，特别是女性骑手，非常容易形成弓腰挺胸的姿势。

⑤ 胳膊：在放松、卸力的状态下，使车把和胳膊整体形成一个圆形的姿势，从外围握住车把。此时如果觉得够不到车把，也不能向前坐，而是继续用向前探腰的方式去"迎"车把。撑直了胳膊就会妨碍车把自然转向。

⑥ 手：食指接触开关盒类，拇指根部远离车把最内侧。

⑦ 下巴：收下巴，扬着下巴容易形成弓腰姿势，对车把造成影响。

摩托车的坐垫基本上是细长条形状，坐的位置因人而异。高个子骑手胳膊也很长，自然会坐得靠后一些，即便是这样，胳膊也是弯曲自如，活动范围十分宽裕。但是，小个子骑手如果坐在中间位置或者偏后位置的话，胳膊就会伸得很直，总是试图用力去够车把，处于一个僵直的状态。需要静下心来仔细确认，如果确实是肘关节伸得很直，就要调整一下，坐得稍微靠前（尽量贴近油箱）一些。

● **双腿夹**

以膝盖为中心，整条腿的内侧夹住油箱以及车身以保持下半身稳定。这样可以放松胳膊和上半身，形成良好的车把自然转向。

在较宽道路练车时，向车体方向收敛双腿内侧，下半身和摩托车之间没有缝隙即可。但是遇到连续绕桩、连续直角、S字路、独木桥，以及在加速和减速这些骑手需要格外留意保持平衡时就必须夹紧车体。

双腿夹车本身不是目的，而是为了形成人车一体。双膝完全离开油箱劈腿姿势不可取，但也不至于夹得死死的，需要看情况自己调节。

因强烈制动导致车头下沉时，骑手会受到强大的向前的力。为了避免双臂受力时对车把的操控产生影响，双腿务必要夹持车身，增强骑手与摩托车的一体感，减轻上半身的负担。

美式摩托车、踏板摩托车以及 Super Cub 等车型的驾驶者因车体结构或使用场景（笔直宽阔公路等）的原因，在日常骑行中无法夹持或并不在意双腿夹持。踏板摩托车可以弯曲双膝，将脚向后探，以双膝夹持座椅的方式提高骑行稳定性。小型踏板摩托车甚至可以将脚后探到后座脚踏的位置以双膝夹持座椅。

摩托车保持平衡需要正确的骑乘姿势。调节左右腿在脚踏上的用力，细腻调整对车把的操控，同时修正身体的重心。

① 下巴：不能上扬，要向下收下巴。

② 腋下：腋下收得过紧的话，上半身容易晃动，但放得过开又容易造成胳膊肘僵硬，需要留意。

③ 手：放松手腕，轻轻搭在车把上即可，这样不会妨碍车把自然转向。

④ 手指：操控手柄时不是去攥，而是勾，这样可以避免对车把多余的施力。

⑤ 肘：微微弯曲，切不可伸直形成硬撑着的姿势。

⑥ 腹部：围绕肚脐的位置，向内收腹。加速时体重应传递到后背，而不是用腹肌去承受。

⑦ 脚尖：一直朝前。

⑧ 臀部：靠后坐，但不能到胳膊抻直的地步。

⑨ 脚踝：贴紧车身。

⑩ 膝：双膝贴紧车身。

⑪ 大腿：紧贴坐垫。

⑫ 腰部：要一直处于一个能吸收上半身上下颠簸的放松状态。

⑬ 后背：弯曲至微微猫腰的程度。后背的肌肉支撑着上半身的所有体重，所以绝不能松垮。

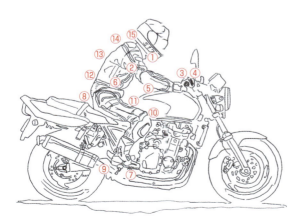

⑭ 肩膀：双肩容易僵硬，时不时活动一下，看是不是处于放松状态。

⑮ 脖子：伸长脖子无法形成压低的姿势。应该是头部缩入肩膀的感觉。

16

● 加速姿势

　　加速时，下半身稳住摩托车，上半身采取前倾姿势。这样的话，手部可以轻松操作离合器、油门和前制动手柄，使车把顺畅地自然转向并稳定过弯。

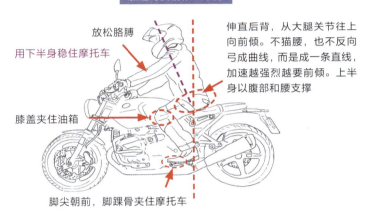

加速时要前倾上半身

放松胳膊

用下半身稳住摩托车

膝盖夹住油箱

伸直后背，从大腿关节往上向前倾。不猫腰，也不反向弓成曲线，而是成一条直线，加速越强烈越要前倾。上半身以腹部和腰支撑

脚尖朝前，脚踝骨夹住摩托车

● 减速姿势

　　减速时收油门的同时抬起上半身，伸直后背。既不是猫腰，也不是夸张地反向弓成曲线。开始减速时，骑手身体会被制动惯性力强烈推向前进方向，所以不可用胳膊顶着车把，否则在惯性力作用下车把下沉厉害。此时需要收腹，用腹部和腰支撑上半身，胳膊自始至终保持放松，双手的各种操作保持顺畅。

抬起上半身
伸直后背

以腹部和腰
支撑上半身

即便是紧急制动，胳膊也要放松

17

● 手

　　手握车把的受力点应为小指和无名指而不是虎口，这样对于制动和过弯中途顺应车把自然转向都有积极效果。

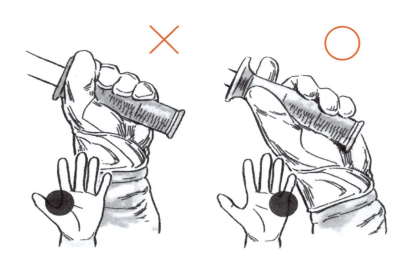

● 腕

　　为了操控顺畅，手腕要保持自然的角度。

不合理　　　　　　　　　　　　　　　　合理

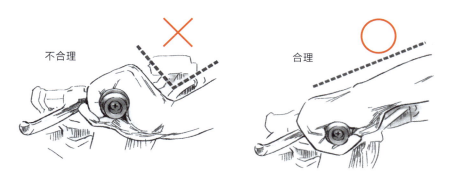

● 肩和肘部

　　采取放松上半身、假想怀里抱着一个气囊那样的饱满姿势。胳膊肘微微向外弯曲，不要耸肩。

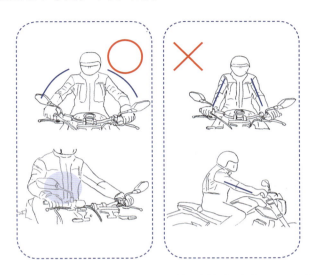

　　以两条胳膊从外围圈住的感觉伸手扶住车把。不要收腋下，留出宽裕的空间，胳膊肘微微向外弯曲。这样的骑乘姿势易于随动车把。

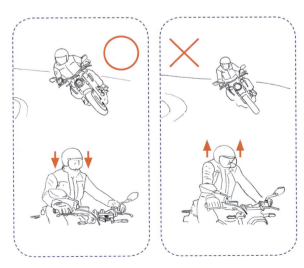

摩托车的手柄是用手指"勾"过来，而不是"攥"。以下是几种手指搭配方式。骑行过程中，非必要不要将手指搭在手柄上。

  为什么强调手柄要"勾"而不是"攥"，因为"攥"或者说"握"这个动作会用到肌肉比例较少的手心部位，肌肉少就要用力去攥或握，这样不仅容易疲劳，而且会限制车把的自由度，对于骑行是一种负面的影响。而产生"勾"的动作主要靠的是前臂的指伸肌。

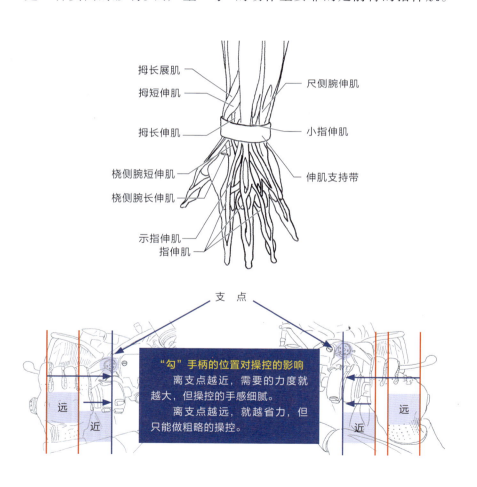

拇长展肌
拇短伸肌
尺侧腕伸肌
拇长伸肌
小指伸肌
桡侧腕短伸肌
桡侧腕长伸肌
伸肌支持带
示指伸肌
指伸肌

支　点

"勾"手柄的位置对操控的影响
  离支点越近，需要的力度就越大，但操控的手感细腻。
  离支点越远，就越省力，但只能做粗略的操控。

远
近
远
近

● "勾"手柄的手指数对操控和"专业度"的影响

离合手柄	食 指	制动手柄
250cc 等离合器比较轻的摩托车在林道、金卡纳等场景常常会用一根食指实现细腻的操控。不适合离合器相对沉重的大型摩托车	专业指数：★ ★ ★ ★ ★ 在离支点最近的地方，用最少的手指数实现最细腻的操控。	林道、金卡纳运动骑行等需要细腻控制制动力度的场景很常见。但不太适合手小的人做降挡补油等操控
享受林道、金卡纳而手指力度不够的人常用这个搭配。即使一些离合器沉重的车型，对离合器的力度并不是很在意的骑手常常很自然地在长途骑行和运动骑行中使用这个搭配	食指 + 中指	比单独使用一根食指或中指的力度大，用这个搭配的人最多
完全停车分离离合器时比较轻松。不想在运动骑行和长途骑行场景分别使用不同的手指搭配的人可以用"中指 + 无名指"的搭配	中指 + 无名指	使用了手指中最长的两根，所以降挡补油最轻松
离支点最远最省力，但这两根手指的力量弱，勾手柄所需要的力量和"中指 + 无名指"不相上下，用这个搭配的人极少	无名指 + 小指	离支点最远最省力，但这两根手指的力量弱，勾手柄所需要的力量和"中指 + 无名指"不相上下，用这个搭配的人极少
驾校标准搭配，适合对运动骑行不是很感兴趣和长距离出行的人。如果不是金卡纳和林道，只是公共道路上骑行的话，几乎不用考虑对离合器的细腻操控	食指 + 中指 + 无名指 + 小指	驾校标准搭配，常见于初学摩托车的人。因为在离支点最近的地方用了最多的手指数，并不是重视操控细腻度的一种搭配

脚的位置

① 骑行过程中，脚尖（实际上是大脚趾根部）踩在脚踏杆上。
② 极低速（拥堵路况等）时，用脚心踩脚踏杆。

　　不要将脚一直放在变速杆、制动杆的上方，以防止误操作。操作时脚向前探，操作后收回到之前的位置。脚尖一直处于控制杆上方的话，容易误操作，并且无法利用脚踝实现双腿夹。

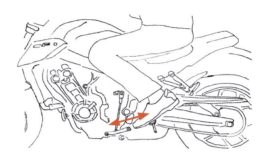

　　长时间将脚尖置于制动杆上方，可能会导致骑手因疲劳无意识中踩亮制动灯，虽然没有实际减速，本人也没有察觉，但会给后车造成错觉。通常的市内低速驾驶场景（比如拥堵路况的穿行）下，为了随时踩后制动杆，也可以用脚心踩在脚踏杆上。

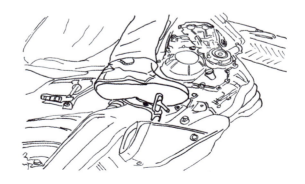

同样倾角的情况下，重心越高，过弯时重心的移动量越大（例：运动街车），越有利于转向和过弯。而低重心车因其重心移动量小，转向性能就差一些。所以，重心较高的车型，骑手就更容易控制过弯。同时，自然放松的骑乘姿势也能最大限度发挥（由后轮触地点经由发动机重心至前减震器的）侧倾轴所带来的车把自然转向特性。

车手头部位置大多被设计为处在易于操控的转向轴延长线上，车把竖直的车型使重心靠前，车把偏于水平的巡航车使重心更靠后

由车把、脚踏、车座组成的三角形决定了不同车型的性格

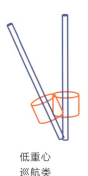

低重心
巡航类

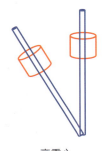

高重心
仿赛、街车、越野

侧倾轴
车身沿这条与前减震呈90°角的虚拟轴线朝弯内方向旋转倾斜

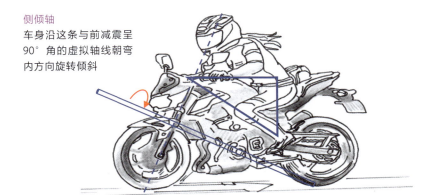

23

● 踏板摩托车

　　骑乘踏板摩托车时，很多人，尤其是女性经常把双脚并齐平放在踏板上。虽然很有女性风采，但双脚并齐就对左右完全没有保持平衡的支撑力，很容易左右晃动。所以双脚前脚掌应该适度朝左右两边分开，但尽量不要探出车身边缘，这样就会稳定很多。踏板摩托车的车座比挂挡车宽大，坐的位置不能太靠前，也不能太靠后，要坐到手扶车把时胳膊能微微弯曲的位置。踏板摩托车无法双腿夹持油箱，所以在制动时受惯性作用难免身体向前冲，此时用腿蹬住向前倾斜的搁脚板，如果是平面踏板的小型车，脚下牢靠地踩稳即可。

由于大多数踏板摩托车倾角过大时大撑会蹭到地面，所以弯道内如果采用内倾的方式，就可以在不减速的前提下能以稍小的倾斜度通过弯道

● 仿　赛

　　就仿赛而言，脚踏和车座的位置都设置得比较高，形成一种竞速的骑乘姿势。但稍不留神就会导致上半身重量加持在车把上，阻碍车把自然转向的发挥。所以下半身夹持油箱和车身，放松上半身就格外重要。

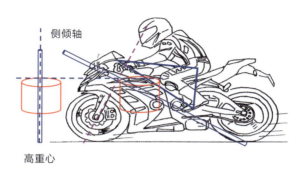

侧倾轴

高重心

● 美式巡航

　　车座就像客厅里低矮的大沙发，腿可以向前舒适地探出去。

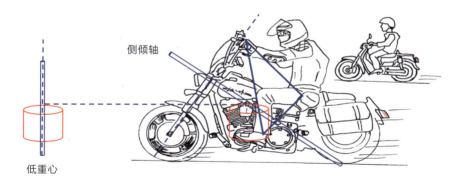

侧倾轴

低重心

第 3 章
制动控制

减速的技术含量比加速更多一些。大多数摩托车事故是车速过快或制动操控失误造成的，所以只有掌握正确制动的技巧，才能在复杂多变的公共道路上规避各种潜在的危险。

后轮制动可以想象为摩托车从后面被拖住的感觉。虽然单独后轮制动的力度不大，但和前轮同时使用时效果明显

● **踩后制动杆的留意点**

　　通过练习，体会只使用后轮制动减速或停车的感觉。由于后轮制动力比前轮弱，所以要与前面车辆保持足够的距离。行驶过程中踩后制动杆，后轮承受的荷载会向前轮转移，因此与地面的摩擦力减少，导致制动距离增加。

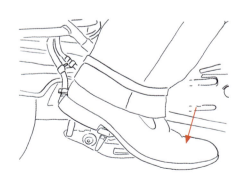

右脚指根部踩制动杆的中间部位，逐渐施力。把"间隙"消除后继续下探才能产生制动力。用力一踩到底会导致车轮抱死

前轮制动可以想象为从前面顶住摩托车的感觉。前轮制动力强烈，容易造成车头过度下沉。通过练习体会只使用前轮制动减速或停车的感觉。

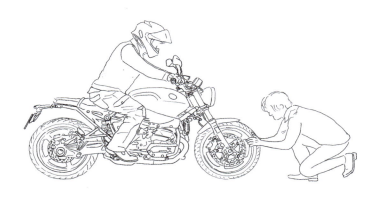

● **前轮制动施力时的留意点**

如果以虎口撑住车把，用两根手指或四根手指从两侧"捏"制动手柄的话，就像脚跟离地踩汽车制动踏板一样，很难做到细腻的强弱控制（请参照第 20 页内容）。

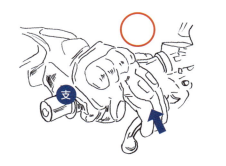 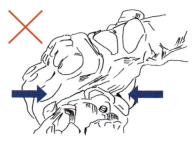

29

行驶过程中收油门，发动机转速降低产生的力传递给后轮，车速就会降下来，这就是发动机制动，挡位越低制动效果越明显。

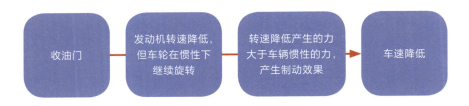

● **发动机制动的效果**

发动机制动可以先产生一个柔和的减速。需要减速停车时，先降挡，使发动机的制动效果更有效，轻轻轰一下油门降挡变速更加顺畅（降挡补油）。

特别提醒：发动机制动时后尾灯不亮，需要适当操作制动使灯亮起来提醒后面的车。长下坡路段要使用发动机制动，否则长时间制动会使刹车片过热导致制动失灵。

● **挡位和发动机制动的关系**

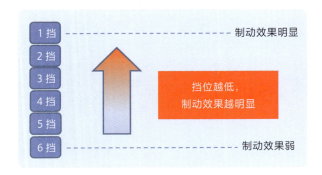

制动系统利用轮胎和路面之间的摩擦力发挥制动效果。匀速行驶状态下，前后轮有着差不多的荷载。一旦刹车减速，后轮的负重就向前轮转移。因此，前轮制动时的摩擦力增大，能在更短距离内停车。

● **40km/h 的制动效果对比**

　　后轮制动虽然比前轮弱，但能降低制动导致的减速冲击，就像降落伞形成的阻力那种感觉。也就是说，前轮制动之前的一瞬间先踩后制动杆，可以防止前轮制动力过强引起前轮下沉。特别是紧急制动时，没有时间用降挡的方法使发动机产生制动。这个稍早于前轮制动的降落伞效果，对于安全停下来十分重要。

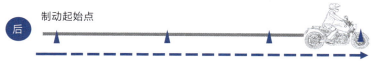

无法获得足够的制动力，停不下来

　　前轮制动在这三种制动里效果最强。但需要格外注意的是不可制动力过大，否则会造成翻滚摔车。

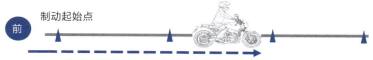

荷载转移到前轮，前轮制动力增大，制动效果增强

　　前后轮同时制动时，后轮要比前轮早 0.5s 左右。这个 0.5s 的时间差十分重要，后轮先制动会使摩托车产生一个向后拽的力量，这样就大大减弱了前轮制动时车头猛下沉的势头。

前轮略强后轮略弱的制动方式会使摩托车在最短的距离内停下来

巡航车的重心低，前轮制动时不会像仿赛和街车的高重心车那样荷载向前轮集中，所以巡航车以后轮制动为主。

● 制动力分配

普通街车：前 7 后 3
高性能仿赛：前 8 后 2
重型巡航：后轮制动为主

约 70%

约 30%

● 双腿夹

把身体稳稳地固定在摩托车上的做法是双腿夹持车身，而不是依靠胳膊的力量。双腿夹并不是说用双膝蛮力夹油箱，而是包括脚踝、小腿内侧、膝盖在内的一个完整的面包裹住摩托车

脚尖朝前

左右脚脚踝骨贴紧才可以

紧急停车是指将摩托车加速到 40km/h，在指定位置停稳的课目，目的就是练就短距离内停车的技术。试想一下骑行过程中在你的前面不远处突然有行人、自行车横穿的场景。为了防止这类鬼探头事故，也是为了保护自己，需要掌握正确的紧急停车方法。

● **紧急停车**

　　收油门的位置应该是距制动起始点 2~3 辆摩托车的长度。速度控制在 40 km/h。

　　多练习几次，直到找到适合自己的速度和收油门时机。一旦收油门就不能再加油提速，挡位也保持在 3 挡，退到空挡也是在停车之后的事情。

　　收油门之前的加速动作也十分重要。虽然需要以 3 挡到达制动起始点，但过快升挡会导致到锥筒位置时还未到规定的 40km/h，这是因为提速强劲的 1、2 挡没有充分利用的缘故。应该在 1、2 挡一鼓作气加速到 35km/h 后达到 3 挡的 40km/h。

　　保持正确的加速姿势，节奏明快地加速（1 挡→2 挡→3 挡），尽早达到 40km/h 的速度。此时要保持双腿夹住车身，上半身前倾的姿势。

　　随后，到达收油门位置之前，如果自己能留意一个记号是最好不过的，比如边上的马路牙子或地面沥青的某个特征，收油门之后眼睛看入口就可以了。

　　前轮到达锥筒时以前 7 后 3 的力度开始制动。在马上停下的瞬间再分离离合器，过早分离离合器会使发动机制动效果变差而延长制动距离。停下来时右脚持续踩住后制动，左脚先着地，随后降挡时再换脚。

　　需要注意的是，前轮制动时不能用蛮力一撅到底。先用手指的第 2 关节略微弯曲触发制动后随即加大力度。即使是短暂的制动操作，也要把那一瞬间用心地分几个阶段。

　　稳定的紧急停车不仅仅是控制手脚的问题，还需要双腿夹住

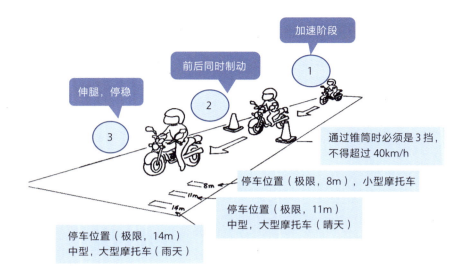

加速阶段
1

前后同时制动
2

伸腿，停稳
3

通过锥筒时必须是 3 挡，不得超过 40km/h

停车位置（极限，8m），小型摩托车

停车位置（极限，11m）中型，大型摩托车（晴天）

停车位置（极限，14m）中型，大型摩托车（雨天）

油箱和车身并以腹部和腰撑住上半身，防止惯性力过度传递给胳膊和手，影响到对车把的控制。

● 紧急制动时的注意事项

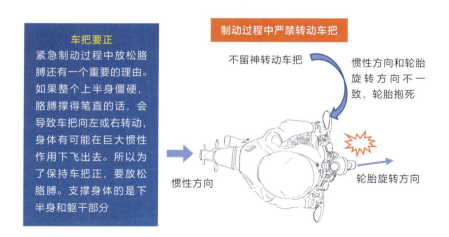

车把要正
紧急制动过程中放松胳膊还有一个重要的理由。如果整个上半身僵硬，胳膊撑得笔直的话，会导致车把向左或右转动，身体有可能在巨大惯性作用下飞出去。所以为了保持车把正，要放松胳膊。支撑身体的是下半身和躯干部分

制动过程中严禁转动车把

不留神转动车把

惯性方向和轮胎旋转方向不一致，轮胎抱死

惯性方向

轮胎旋转方向

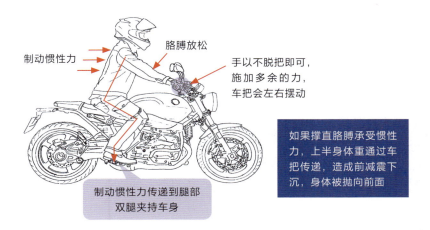

制动惯性力

胳膊放松

手以不脱把即可，施加多余的力，车把会左右摆动

如果撑直胳膊承受惯性力，上半身体重通过车把传递，造成前减震下沉，身体被抛向前面

制动惯性力传递到腿部双腿夹持车身

● **紧急制动过程中导致摔车的两个原因**

①前制动手柄一"攥"到底。前轮抱死是因为把制动手柄全力一"攥"到底。正确方法应该是一种短而强的线性加力，到最后仍然留有一定余量才对，也就是从制动起始位置开始逐渐线性加力。

制动力度很难用文字表现出来。总之，不能说紧急制动就非得强力一"攥"到底，那样不好，应该是一种短而强烈，又很线性的操作。大家可以多次尝试，并体验"勾"手柄的不同位置，使摩托车在停止线前停下来的感觉。

另外，"勾"手柄是手指用力，手腕往胳膊肘方向是放松的，并且要保持肘部适度弯曲。

②用车把支撑体重。这也是最重要的一点，你是否认为车把是保护你不从摩托车上摔下去的扶手一样的存在？

这是不对的，车把不是起支撑作用的扶手。操作油门、离合器、前制动手柄和各类按钮及按键的时候尽量不要给车把施加比较大的力气。

前轮制动的过程中车把偏向左或右的话，受来自车身的惯性力，会释放出更大的角度。

● 加减速时前后轮荷载的变化

摩托车制动时，在惯性的作用下荷载向前轮转移，前轮荷载增强，后轮减弱。

为了在短距离内安全停下来，必须（同时）施加前后轮制动，且不可造成车轮抱死。因为一旦抱死，制动距离反而会变长。

制动力分配方面，大体是 7 ：3 的比例。也就是说，整体制动力为 10 的话，前轮施加 7 成的力，后轮施加 3 成的力。但这个比例并不是一成不变的，要看车速以及路面状况，车速很快或需要紧急制动时，前轮制动力比例要多一些。此外，制动力比例也和车型有关系。

匀速行驶

加速行驶

减速行驶

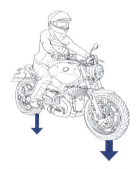

前后轮抓地力相同

前轮抓地力减弱，后轮抓地力增加

前轮抓地力增加，后轮抓地力减弱

第4章
起步和停车

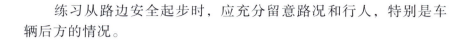

练习从路边安全起步时，应充分留意路况和行人，特别是车辆后方的情况。

● 从路边起步的步骤

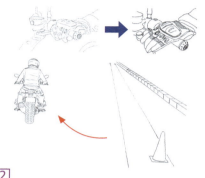

1 ....

起步时先用反光镜和自己的眼睛直接观察周围和后方的情况，打开左侧转向指示灯，让其他车辆和行人明白你要起步。

2 ....

认真观察路况和车流，找准时机果断起步。此时需要确保油离配合到位，恰如其分地汇入车流，关闭转向指示灯，并保持与前车的距离。用油门和制动调节车速。

📍 **POINT**

打开转向灯、确认安全

确认安全不要只依靠反光镜，还要直接回头观察才充分

不可用危险的角度汇入车流。强行起步会和后面的车发生剐蹭，并且油离配合不稳的话会导致熄火或猛窜

后面有车迅速逼近时，先将其放过去之后再打开转向指示灯

摩托车和自行车的不同之处在于其重量。虽然静止和低速时难以掌握平衡，一旦速度上来会有惊人的稳定性。自行车也是蹬得速度越快越稳定，这是基于旋转的物体具有陀螺效应的缘故。所以摩托车的车轮转动越快，车体就越稳定。

　　很多骑手在车刚一起步的同时立刻收左腿，显然车体还没有进入稳定的状态。所以除了掌握油离配合的技巧之外，还要留意收脚的时机不能过早。

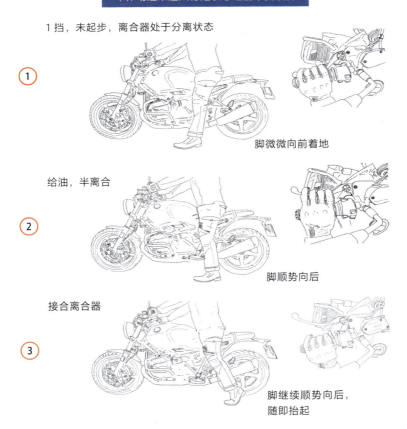

车体动起来进入稳定状态之前不要收脚

① 1挡，未起步，离合器处于分离状态

脚微微向前着地

② 给油，半离合

脚顺势向后

③ 接合离合器

脚继续顺势向后，
随即抬起

前后轮缓缓制动，速度降下来后做好探腿的准备。接近停车位置，加强前轮制动或分离离合器时将腿探出去，完全分离离合器的一瞬间脚着地。此时不是脚尖，而是由脚后跟先触碰地面。为了随后起步顺畅，脚尖要朝前。

完全停下之前要把腿探出去

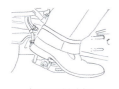

轻踩后制动杆

轻勾前制动手柄

半离合

即将停稳的瞬间
探出左腿

前制动手柄加力

停稳时脚跟
先着地

分离离合器

离合器手柄反复分离再接合，体会半离合的位置

分离	接合	分离	接合

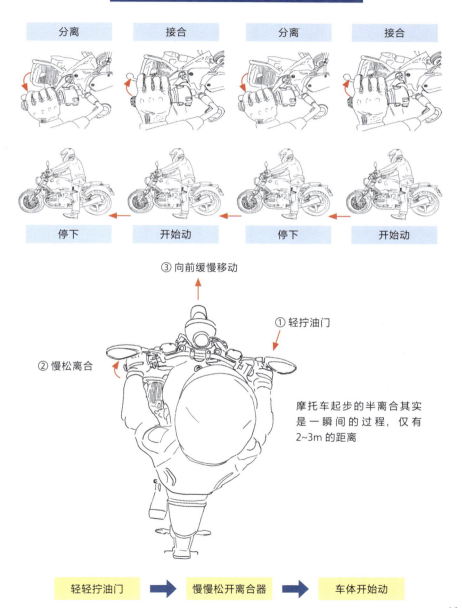

停下	开始动	停下	开始动

③ 向前缓慢移动

① 轻拧油门

② 慢松离合

摩托车起步的半离合其实是一瞬间的过程，仅有2~3m的距离

轻轻拧油门 ➡ 慢慢松开离合器 ➡ 车体开始动

 **POINT**

正确降挡

    一个挡位一个挡位按顺序降挡，临停下之前的一瞬间分离离合器。

错误降挡

    很早就将离合器彻底分离，以惯性加制动滑行到停止线，然后集中一股脑地降挡。

完全停稳之前，不要持续分离离合器

● **分离离合器后惯性滑行降挡的隐患**

    在完全分离离合器，靠制动减速的情况下，如果有车或行人从侧面突然蹿出，骑手出于避让的本能通常会下意识接合离合器，但此时相对较高的挡位和已经降低的车速不匹配，很有可能造成敲缸甚至熄火，不仅难以避险脱困，发生事故也是有可能的。

第 5 章
保持平衡

摩托车速度越慢越难以保持平衡，可以通过控制油门以及分离、接合离合器，或通过制动控制车速，来练习稳定的低速骑行技巧。

摩托车要对准独木桥（长15m，宽0.3m，高0.05m），保持在一条直线上。对准就成功了一半

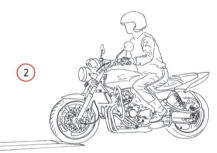

有意识地将自己和摩托车以及独木桥保持在一条直线上，以微微前倾的姿势使前轮驶上独木桥。前轮接触到边缘时需要放松胳膊，微微弯曲膝关节，吸收来自底部的冲击。同时**从脚踝开始往上夹紧车身**，这样可以降低重心增加稳定性。臀部不可过于重压在车座上

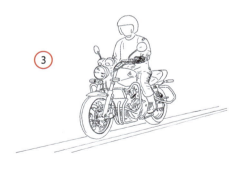

后轮完全骑上独木桥之后才是关键阶段。踩下后制动杆保持一种"拖"着走的感觉。后轮完全骑上独木桥之前的制动减速和上去之后的收油门动作都会导致失去平衡。同时上半身微微前倾，保持半离合，油门稳定

● **人车同倾（最基本的过弯姿势）**

所谓人车同倾，就是上半身和摩托车以同一个角度倾斜，这是最基本的拐弯姿势。

不用强行朝内侧或外侧倾斜，而是摩托车的倾角和你身体的中心线在一条直线上。但需要注意的是，此时头部和地面必须保持垂直，不能身体倾斜头部也倾斜，这会导致车身不稳。

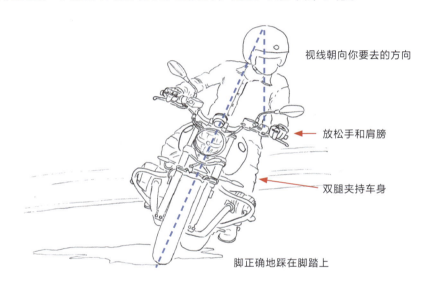

视线朝向你要去的方向

放松手和肩膀

双腿夹持车身

脚正确地踩在脚踏上

骑乘摩托车的最基本过弯姿势就是"人车同倾"。如果两台车通过弯道，用最小的身体动作（人车同倾）过弯的骑手要比大幅度调整坐姿的骑手在姿势上更有安全余量。

初学摩托车的新手总是想尝试各种过弯动作，这对于摸透爱车的脾气固然重要，但如果有人问"应该在哪个过弯姿势上积累经验"，那回答肯定是"人车同倾"。因为以这个骑乘姿势积累经验，熟知摩托车和自己的重心在骑行过程中的变化、轮胎的抓地感、减震器的工作状态之后，再拓展更适合自己的骑乘技巧会事半功倍。

● 外　倾

外倾：
① 把双腿夹持车身的动作做到位，用下半身的力量支撑上半身
② 伸直弯道内侧的胳膊肘
③ 使弯道外侧的胳膊肘弯曲
④ 弯道外侧的腿用力将车身向弯道内侧放倒
⑤ 上半身保持竖直，下半身和车一起倾斜

适合：掉头、发卡弯、U字弯、盲区弯道等

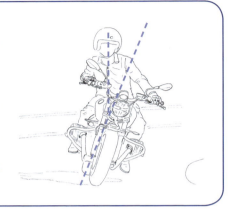

外倾骑乘姿势的优点	外倾骑乘姿势的缺点
① 视线位置高，易于观察到危险情况。头部远离弯道内侧，视线高，观察的范围大，能提早发现弯道前方的情况，躲避障碍 ② 能拐小弯。能使摩托车压得很深，拐出很小的弯 ③ 掉头等速度很低的场景下容易保持平衡。外倾姿势能在掉头和发卡弯道场景下以很低的速度拐弯，骑手和摩托车之间可以形成 V 字平衡，所以易于在低速下保持平衡 ④ 姿势变化少，不容易疲劳。骑手可以保持直立的姿势，即使有连续拐弯也不容易疲劳 ⑤ 动作切换速度快。在连续拐弯时，上半身移动幅度小，只是用下半身使摩托车向左或向右倾斜，切换动作速度快	① 后轮承受的力小，难以形成"拧油门，以后轮为受力支点拐弯"的状态 ② 难以发挥车把自然转向。体重加持在倾斜的车把上，会限制车把自然转向。不用自身的力量转动车把难转向 ③ 前轮在高转速区域容易打滑。部分体重加持在倾斜状态的摩托车前轮上，在高转速区域更容易造成前轮打滑 ④ 骑手难以察觉摩托车的真实倾角。骑手的视线高度保持不变，难以察觉到摩托车以大倾角倾斜，有时会压得过深而摔车 ⑤ 依赖轮胎的抓地力。骑手的重心线在摩托车的重心线的外侧，难以依靠体重控制轮胎的抓地力，只能依赖轮胎本身的抓地力 ⑥ 后轮在高转速区域容易打滑。骑手的重心线和摩托车的重心线是错开的，体重难以加持在后轮上，在大幅度倾斜时容易打滑 ⑦ 难以形成必要的恐惧心理。由于过弯时头部位置不变，难以感受到必要的恐惧，所以有时会形成超出抓地力的危险倾角

● 内　倾

内倾：

① 把双腿夹持的动作做到位，用下半
　身的力量支撑上半身
② 伸直弯道外侧的胳膊肘
③ 使弯道内侧的胳膊肘弯曲
④ 头部探向弯道内侧
适合：浮沙、雨天等路面状况不佳，
不希望产生倾角的场合

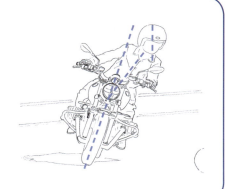

内倾骑乘姿势的优点

① 由于是靠重心大幅度偏向弯
　道内侧形成转向，不用压得
　很深，不容易打滑摔车，易
　于通过高速弯道
② 高手在金卡纳场地内经常将
　身体完全向弯道内侧压下去
　的正是这个内倾姿势

内倾骑乘姿势的缺点

① 骑手视线低，难以看清弯道前方情况。头部探
　向弯道内侧，和其他骑乘姿势比，看清弯道前
　方的情况要迟一些
② 后轮打滑时难以应对。摩托车的重心线和骑手
　的重心线不在一条直线上，所以力量难以加持
　在后轮上面，发生打滑时难以应对
③ 弯道操控忙乱。过弯时身体大幅度摆向左右，
　操控忙乱，容易疲劳
④ 难以形成满胎（危险的念头，赛道内则别论）。
　对于有满胎情结的骑手来说，向下压的度不够，
　所以难以达到满胎状态

通过弯道时，骑手和摩托车会在离心力的作用下被抛向弯道外侧。并且弯道越急，离心力越大。

● **安全的过弯速度**

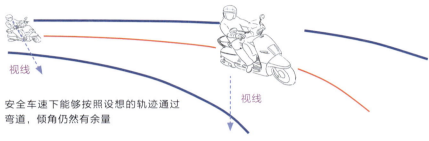

视线

安全车速下能够按照设想的轨迹通过弯道，倾角仍然有余量

视线

● **超出安全速度**

在超出安全车速冲向弯道外侧时，骑手会本能地加大倾角（甚至达到倾角极限），产生更多的恐惧感

☺ 除了速度和倾角之外，冲出弯道还有一个重要的原因，就是视线没有到位。新手往往害怕过弯，眼睛不由自主地盯着路边和道路中间的车线。而摩托车是一种你看哪里就冲向哪里的车辆，如果视线投向远处出弯的地方，一定会完好地跑完弯道。万一觉得要失控，立刻将视线投向摩托车近处的弯道内侧，往往能补救回来

8 字课目可以练就摩托车驾驶所需的视线投放、骑手身体重心控制、油门控制等多种技能。反复练习能更加提高弯道操控的平衡感。

① 确保油门开度不变。进入 8 字路线之后首先保持油门开度不变，同时采用人车一体的骑乘姿势倾斜车身。此时车身处于一个连续倾斜的状态容易造成慌神。但要沉住气，不收油门车就不会倒（相反，只要一收油门就会立刻失去平衡）。此外，因恐惧强行打把操作也会失衡。**摩托车是倾斜车身角度调节行进方向的交通工具，而不是通过转动车把实现转向的**

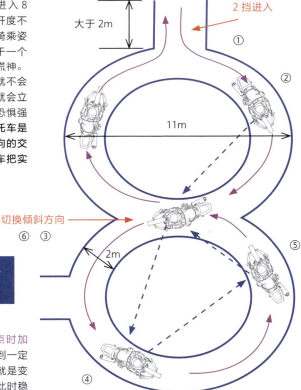

> 视线保持盯着 2~3 台摩托车的前方

② 看到切换倾斜方向地点时加大油门。保持油门稳定转到一定位置就会接近切换点，也就是变换车身倾斜方向的地方。此时稳步加大油门，使车身竖直。当切换点出现在你的视线时就开始给油，朝着切换点的方向回正车身。这也是给油的恰当时机。这时没必要过度给油，能使车身回正的稳步程度就可以了，不需要像走 S 字路线那样频繁操作油门

③ 从切换点起将车身向反方向倾斜。到达切换点车身角度回正时，迅速收油，同时将视线投向反方向。比如，向左旋转状态回正车身，迅速将视线投向右边，随后摩托车开始进入右旋部分

④ 重新保持油门稳定、⑤ 回正车身、⑥ 切换。倾斜车身后和之前的操作一样，重新保持油门稳定状态沿曲线旋转→看到切换点时给油→车身回到竖直状态→将脸和视线朝向另一方，同时收油门→车身向反方向倾斜→给油并保持稳定

8 字课目的目的

　　8 字课目的目的在于培养弯道内稳定骑行的技术。除了油门和制动之外，需要考核的还有能否一直保持相同的速度骑行。不是说能跑下来即可，而是必须要以稳定的状态完成。

以相对固定的油门开度维持稳定的倾角。双腿夹持车身。感觉车速过快时，轻踩后制动杆调节速度

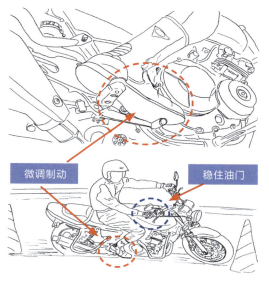

绕 8 字时需要偏移身体重心保持平衡，稍微有一点油门控制波动就会影响到车身倾角变化。而且还不是总朝着一个方向旋转，中间还有切换倾斜方向的要求

微调制动　　　稳住油门

不好的例子

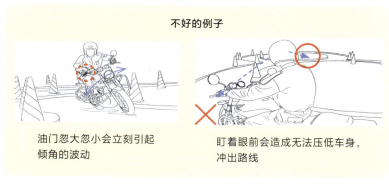

油门忽大忽小会立刻引起倾角的波动

盯着眼前会造成无法压低车身，冲出路线

S 字课目

S 字课目要求以恰当的路径和速度顺畅通过狭窄的连续弯道，其目的在于培养较低速度过弯的技术。要点之一就是要控制好视线和油门，视线要随着摩托车的移动同步向前，不要过分倾斜车身。

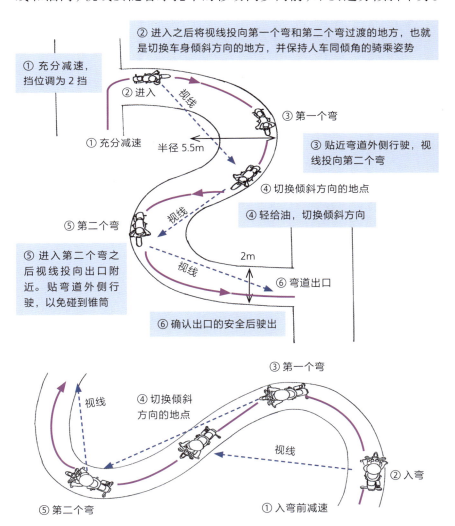

② 进入之后将视线投向第一个弯和第二个弯过渡的地方，也就是切换车身倾斜方向的地方，并保持人车同倾角的骑乘姿势

① 充分减速，挡位调为 2 挡

② 进入

① 充分减速

半径 5.5m

③ 第一个弯

③ 贴近弯道外侧行驶，视线投向第二个弯

④ 切换倾斜方向的地点

④ 轻给油，切换倾斜方向

⑤ 第二个弯

⑤ 进入第二个弯之后视线投向出口附近。贴弯道外侧行驶，以免碰到锥筒

2m

⑥ 弯道出口

⑥ 确认出口的安全后驶出

③ 第一个弯

④ 切换倾斜方向的地点

视线

⑤ 第二个弯

视线

② 入弯

① 入弯前减速

51

● S字路线内的行驶轨迹

以 2 挡进入弯道，以免速度过快。速度过低时迅速以半离合给油提速。整个路线使用 2 挡。因为 1 挡状态下发动机转速低，

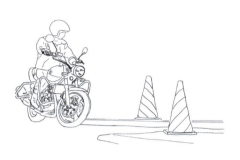

并且发动机制动过强容易失速，给油加速起步容易产生冲击，在平顺性上差强人意。保持油门平顺，第一个弯和第二个弯的过渡路段不可速度过低，必要时使用半离合防止敲缸或熄火。

进入 S 字路线后先看整体的中间部位，也就是第一个切换倾角的地方。切记不可盯着前轮前方很近的地方。除了视线之外，行驶路径也很关键。贴着内侧进入的话需要更大的倾角，否则拐不过来。所以应该沿外侧以人车同倾的骑乘姿势进入。

外侧　　内侧

拐第一个弯的时候视线投向第二个弯的位置。如果在这里还盯着切换倾角的位置的话，一瞬间就到眼前了。此时最好也沿外侧行驶。在切换倾角的地方通过整个路线的中段，贴向第二个弯的外侧。

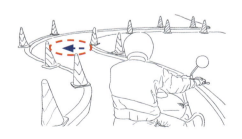

通过切换倾斜方向的地点时，适度给油扶正车身，车速过快时微微踩后制动杆调节速度。

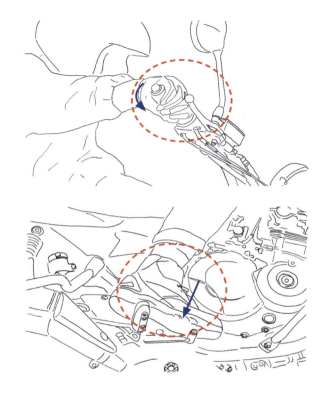

在第二个弯时眼睛要看向出口。出口附近应当暂停一下确认安全。

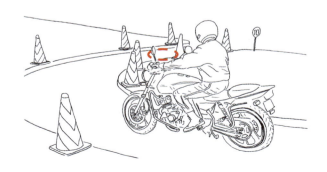

连续直角课目

这是以操控车把为主，以后轮制动调节车速，在低速状态下保持平衡通过宽度为 2m 的连续直角狭窄路线的课目，其主要目的是考核低速控制摩托车的能力。为此需要同时操控油门、离合器、后制动杆并保持车身的平衡。连续直角的路面宽度比 S 字路面要窄很多，一开始会有一定的恐惧感。拐角比较直，速度控制更难一些。骑车进入之前应步行观察一下，做到心里有数。

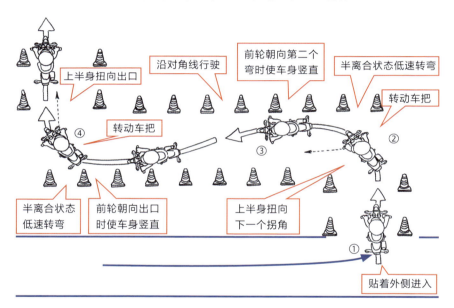

上半身扭向出口

沿对角线行驶

前轮朝向第二个弯时使车身竖直

半离合状态低速转弯

转动车把

④

转动车把

③

②

半离合状态低速转弯

前轮朝向出口时使车身竖直

上半身扭向下一个拐角

①

贴着外侧进入

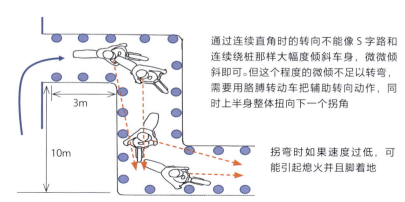

通过连续直角时的转向不能像 S 字路和连续绕桩那样大幅度倾斜车身，微微倾斜即可。但这个程度的微倾不足以转弯，需要用胳膊转动车把辅助转向动作，同时上半身整体扭向下一个拐角

3m

10m

拐弯时如果速度过低，可能引起熄火并且脚着地

54

● 进入连续直角内的行驶轨迹

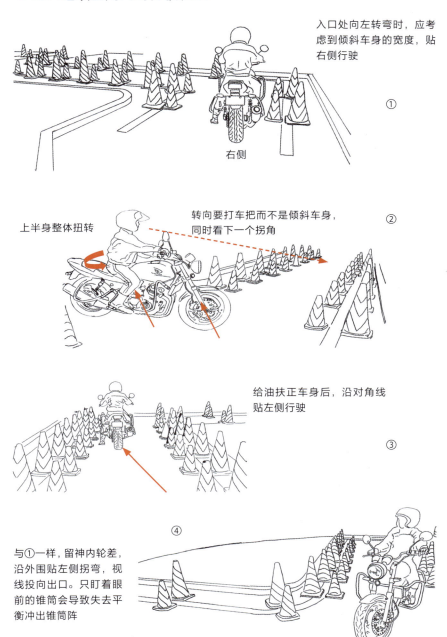

入口处向左转弯时，应考虑到倾斜车身的宽度，贴右侧行驶

①

右侧

上半身整体扭转

转向要打车把而不是倾斜车身，同时看下一个拐角

②

给油扶正车身后，沿对角线贴左侧行驶

③

④

与①一样，留神内轮差，沿外围贴左侧拐弯，视线投向出口。只盯着眼前的锥筒会导致失去平衡冲出锥筒阵

连续绕桩是左右连续穿过等间隔放置的锥筒的课目。要求400cc（指摩托车发动机的排气量为400mL）以下的摩托车8s以内、400cc以上的大型摩托车7s以内完成。该课目包含不能多也不能少的动力输出和制动、倾斜车身迅速改变行进方向的弯道控制、对绕桩轨迹起决定作用的视线投放，而这些操控几乎需要同时完成。

节奏感

完成连续绕桩的重点就是带出"节奏感"。每绕过一个锥筒就要完成一个"减速→绕过→加速"的过程。进入路线时大多是采用1挡或2挡。

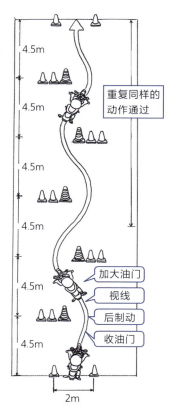

掌控车把的姿势

过弯加速时，上半身微微朝弯内前倾，双腿夹持油箱，腋下不过分收敛，也不过分张开，以一种自然放松的姿势从外围环绕着把持住车把。从上方看，是斜着握住车把，这样易于油门控制

视线

一般情况下，人会朝着视线看过去的方向倾斜重心，所以眼睛要随时看下一个锥筒的旁边。连续绕桩是要从锥筒旁边通过，所以进入下一个弯之前，视线要盯着即将驶过的路径附近，而不是锥筒。如果紧盯着锥筒的话，摩托车就会冲向锥筒。其结果就是过于接近或者直接撞上。反之，如果朝弯道外侧看得太远，摩托车又拐不过弯来，直直地远离锥筒而去，所以就连续绕桩而言，盯紧下一个锥筒边上的通行路径即可

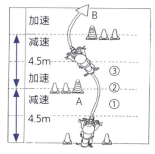

2挡进入，中途不变速

● 油门控制和体重偏移

① 前轮到达第一个锥筒右侧时,右手收油门。不是稍微收一下,而是一收到底。以此产生的发动机制动就够用了，必要时也可以使用后轮制动。速度过慢即超时，过快则会冲出路线。同时体重加持在左侧脚踏上，促进车身倾斜。连续绕桩的油门操作主要是使车身从倾斜状态回正到竖直状态，而不是为了加速。

油门开度很小，甚至从图片几乎难以分辨

② 收油门后迅速以适当力度踩后制动杆，这样驱动力下降更容易形成倾角。倾斜车身时，过于接近锥筒 A 就会碰到它。摩托车向左倾斜后视线就要盯着下一个锥筒 B 的旁边。

给油的同时，体重加持在右脚踏上，促使车身竖直

③ 随后迅速给油提速。这时摩托车前进的同时自然而然地竖直（自动扶正），并前行到锥筒 B 的旁边。

当摩托车前轮右侧出现锥筒 B 时，再次收油门，踩后制动杆，将脸再次扭向下一个锥筒右侧……如此这般重复①～③的动作。

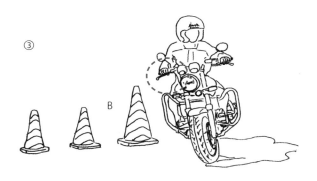

③

B

在锥筒 A 左转弯时，前轮掠过锥筒 A 的一瞬间踩后制动杆减速，同时踩在脚踏上的左脚朝着地面方向使一把劲，摩托车就朝左更加倾斜下去，也就是压得更深一些。随后朝着下一个锥筒 B 轻轻给油加速，摩托车会再次竖直起来。

踩内侧的脚踏只不过是给拐弯增加一个契机，适度踩一下即可。

注意，这个方法只适用于小角度拐弯。不论是驾校场地内，还是公共道路都可以使用，但不适用高速通过的大弯道。驾校场地内适合连续绕桩、从主路进入连续直角或 S 字课目路线使用，连续直角内部不能使用，因过大的倾角会放倒锥筒。

①～③是绕一个锥筒的标准操控过程，随后的锥筒重复即可。

给油收油的节奏和接近锥筒的节奏不吻合就会错失下一个锥筒。连续绕桩的最重要操控就是油门控制和体重偏移，同时保持平衡，带出节奏感。

第6章
坡起和紧急避险

坡 起

坡起是指在考试场地的上坡路段指定位置上停车，观察后方安全后起步的课目。在指定位置停车是假设实际道路处于拥堵状态，不可溜车是假设有后车的缘故。

● 斜坡起步时的油离配合

确认挡位在 1 挡位置，用力踩下后制动杆，以免溜车。同时要确保停车姿势的稳定，不能晃动。尤其不能让车向脚没有着地的那一侧倾倒。

确认后方安全，慢松前制动手柄的同时给油起步，比平地的油门开度要大一些，大致保持在 2000~3000 转。

慢松离合器至半离合状态，且比平地时保持得长一些。对半离合的感觉比较麻木的人可以听发动机声音的变化。此时不可松开后制动杆。

缓慢松开后制动杆，继续多加油并松开离合器至接合状态。后制动杆要用脚趾根用力，易于对力度的细微调整。

接近停车位置时，松油门减速并开始制动（力度要比平坦路上低一些）在挂入 1 挡的状态下停稳

● 可以在坡道上变速吗？

在驾校能体验到的坡道就是坡起课目那一点地方，实际公共道路上有各种各样的坡道，也不会像驾校场地那样坡度很小。并且中途还可能有红绿灯和十字路口。在驾校场地可以用 1 挡慢行，但实际道路情况就复杂得多。

比如，以 3 挡骑行过程中坡度突然变大，减速后发动机转速降低，变得都有点敲缸了。这时的你也许心里犯嘀咕，分离离合器会怎么样，会不会摔车，驾校可没有教给我这些啊……

不用担心，在坡道上变速也完全没有问题，本来在公路上骑行遇到上坡时降一挡是很正常的。上坡状态下换挡要快，摩托车受重力影响有溜坡的势头，分离离合器后磨磨蹭蹭地换挡会很快失速。

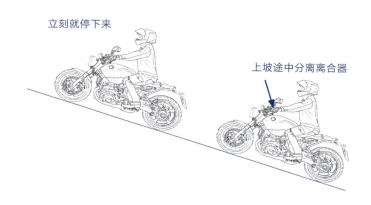

立刻就停下来

上坡途中分离离合器

坡道上有停车线时，留意逐次降挡，最后以 1 挡停在停车线跟前。上坡也不见得都是直线道路。需要留意的是尽量避免在弯道中变速。因为弯道中变速会导致后轮承受的力发生变化，摩托车容易失去平衡。

但弯道拐弯过程中转速过低眼看着要敲缸时，就要果断降挡。降挡产生的发动机制动可以某种程度上代替直接制动。这样的话，能够在进入弯道之前降低车速，还可以降低挡位，非常便利。

在急弯很多的山路骑行时，一般出弯后车体回正前的一瞬间都会降一挡，随后能充分加速。此时要速度快，尽量避免后轮的驱动力中断。

行驶过程中发现障碍物时必须当即判断如何躲避。可通过下面的方法体验此时"判断"和"避险操控"是什么感觉。

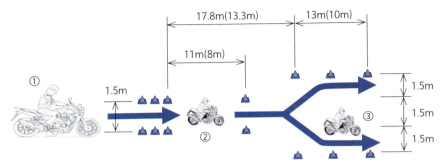

① 看后方是否安全后起步
② 按自己的意志选择躲避方向
③ 变更方向后安全停下来

指定速度 : 30km/h 或 40km/h

（ ）内是速度为 30km/h 时的距离

● **避险所需时间**

发现危险想躲避时，多半都无法立刻避开。改变方向避开危险通常需要大约 1.7s 的时间。

- 速度为 30km/h 时的 1.7s 约行进 14m。
- 速度为 40km/h 时的 1.7s 约行进 19m。

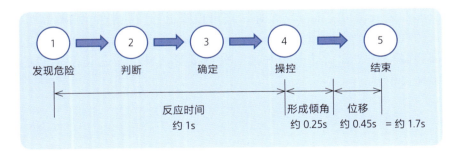

62

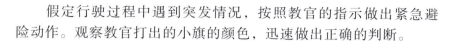

　　假定行驶过程中遇到突发情况，按照教官的指示做出紧急避险动作。观察教官打出的小旗的颜色，迅速做出正确的判断。

红旗表示
向右躲避

白旗表示
向左躲避

双旗表示
直行

① 看后方是否安全后起步
② 对指示的方向做出判断
③ 判断越迟缓避险越慢

指定速度：30km/h 或 40km/h

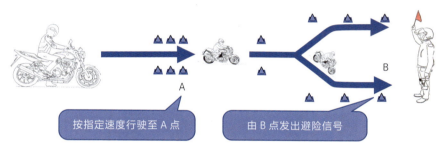

按指定速度行驶至 A 点

由 B 点发出避险信号

POINT

建　议

　　① 避险时间超过 1.7s 的人：
　　• 反应速度和操控都迟缓，建议控制车速。
　　• 不要以超过自己驾驶水平的速度骑行。
　　• 感觉危险时，尽早制动。
　　② 比平均时间短的人：
　　• 不要过于自信。
　　③ 判断失误选错方向的人：
　　• 要正确观察、判断、操作。

第7章
摩托车的特性

骑乘摩托车时视野多少有点受头盔，尤其是全盔的限制。与汽车不同的是，摩托车可能会因为路面情况而摔车，所以骑手会自然而然地注意路面的凹凸、井盖、车线等，注意力更倾向于"点"而不是"面"。

　　人的视野分为左右方向和上下方向，并且还有静态视野角度和动态视野角度之分。

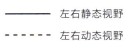

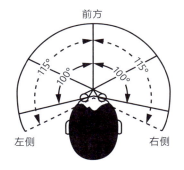

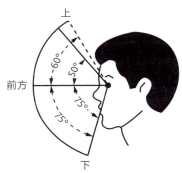

就摩托车骑行而言，动态就是指根据路面情况不停地活动眼球、头部和脖子，尽可能获取路面的信息。骑行摩托车时左右方向的视野是没有问题的。从上图可以看出，其实人的上方视野才50°，是比较狭窄的。但骑行并不需要看天上，倒是为了避免摔车要不间断地观察地面的情况。从车型上来看，需要挺直上半身的街车，下方视野比较窄；而需要前倾的仿赛摩托车观察路面情况就相对方便一些。挺直了上半身并且上扬下巴的骑行姿势非常不利于安全。应该尽量收下巴，调用上方视野获取更多的路面信息。

不同轮胎的抓地力

轮胎和橡皮一样，使用时负载越大，与地面、纸张的摩擦力就越强。胎面复合胶料越硬，轮胎寿命就越长，抓地力也就相应低一些，长寿命意味着磨损小。而高抓地力轮胎的胶料材质很软，磨损很快，同时也价格昂贵。

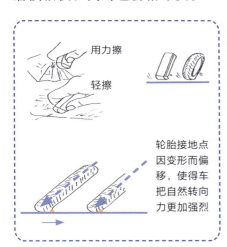

用力擦

轻擦

轮胎接地点因变形而偏移，使得车把自然转向力更加强烈

摩托车轮胎的分类（按结构）
- 子午线轮胎
  材质软，抓地力好，多用于运动摩托车
- 斜交线轮胎
  材质硬，耐磨性好，多用于巡航摩托车

体现摩托车轮胎性价比的五个指标
- 抓地力
- 价格
- 寿命
- 湿滑路面性能
- 对温度的依赖程度

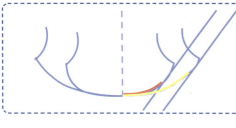

左图显示了为什么在同样倾角下，轮胎的宽窄会引起不同的骑行感觉。窄轮胎从触地点到边缘的距离短、耗时少，所以感觉轻快。而宽轮胎的距离和耗时都多，必然会感觉慢而沉重，但带来的是稳定感

胎压过高
触地面积小，感觉轻快
缓冲性变差

胎压适中

胎压过低
触地面积大，轮胎反应迟钝
车辆整体感觉沉重

骑手偏移身体重心使车身倾斜，车把自然而然地产生舵角（转向角度）。如下图所示，扶着自行车座向左或右倾斜，车把就朝倾斜这一侧形成转向角度。

轻度的重心转移会产生轻微的车身侧倾和较小的舵角，而大幅度重心转移会产生较大的车身倾斜和大舵角。

需要较大角度拐弯时，必须提前减速并同时偏移身体重心。弯道内车速很快的情况下，即使深深压低车身，也只产生很小的转向角度。

前轮因车身倾斜产生舵角

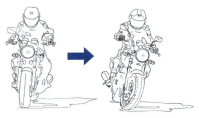

偏移重心　　　　　能感觉到前轮因车身倾斜向内侧产生舵角

骑手在通过弯道的过程中依靠身体重心的偏移和加减速引起的重心变化来操控摩托车。在此列出与摩托车操控相关的几个施力方向，供骑手参考并在不同场景应用。

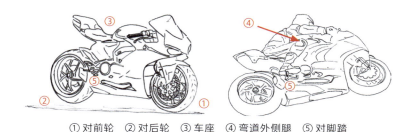

① 对前轮　② 对后轮　③ 车座　④ 弯道外侧腿　⑤ 对脚踏

● **对前轮**

　　实现摩托车和骑手的重心向前移的力。

状　　态：前轮抓地力增强，后轮抓地力减弱
施力方法：前轮制动，上半身前倾，靠前坐
效　　果：前减震行程的压缩提高抓地力。前轮制动和骑手重心偏移的共同作用增强转向性能

★对前轮的施力不可过大，否则轮胎可能失去抓地力，造成打滑摔车。市内普通路口的低速入弯场景并不一定需要增强前轮抓地力

● 对后轮

实现摩托车和骑手的重心向后移的力。

状　　态：前轮抓地力减弱，后轮抓地力增强

施力方法：后轮制动，给油提速，挺起上半身，
靠后坐

效　　果：后减震行程被压缩，轮胎受到向下的
力增加，提高车身回正时的抓地力，
实现更有力的加速和稳定出弯

★车身回正时油门过大会导致后轮打滑，后轮制
动过猛也有可能导致车轮抱死

● 车　座

在车座的前后左右方向移动身体重心形成的力。

状　　态：分布在车座的前后左右，根据需要调整其
强弱，直行时处于车座中间（绿色部分）

施力方法：微调肚脐位置和坐的位置，将臀部的一部
分从车座探出等

（例）：① 向右出弯回正时为了给后轮施力增加抓
地力，使左图中橙色表示部分的施力更强
一些

② 在市内路口内拐点这种普通场景下，会
感受到左图中浅粉色区域对车座的施力更
强一些

★大多数情况下都是无意识状态下就完成了重心偏移。

● 弯道外侧腿

用外侧整条腿的内侧将摩托车压向弯道内侧的力。

可以在从入弯到出弯的整个过程中保持外侧腿施力。

外侧腿施力时，对脚踏也要施力：大脚趾
根部顶在脚踏杆上，脚尖向弯道外侧方向
用力顶，以这里为支点使脚后跟牢牢地贴
在车身上，更易于车身向弯道内侧倾斜。
需要注意的是，脚尖并不会实际指向外侧，
这里指的只是施力方向

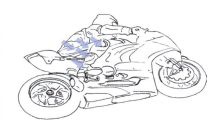

70

● 对脚踏

　　骑手通过踩脚踏调整落座位置和身体重心。脚踏施力主要是为了实现一个轻快、短暂的转向效果。

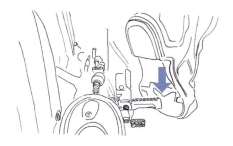

施力方法：双臂放松，轻抬臀部向左、右踩脚踏施加体重
★脚踏施力不会产生左侧脚踏 30、右侧脚踏 70 这种施力比例，只能左侧或右侧为 0、另一侧脚踏可以根据场景微调为 70、车座施力 30（例）

　　正常行驶主要依靠对车座施力，而对脚踏施力主要用于紧急躲避障碍物或连续绕桩等场景。脚踏施力的效果不能持续，在一定倾角上和受反作用力向外偏移的骑手体重形成平衡（车身至此不再倾斜）。

　　如下图所示，如果用弯道内侧的脚踩脚踏，势必会因反作用力使本来很自然偏移过来的重心上扬，产生阻碍。所以，在人车同倾条件下，外侧从腰部向下整条腿的内侧对车身施力时，建议内侧腿整体自然放松下垂，脚仅仅是放在脚踏上，施力为零。

　　同样道理，弯道内侧腿的夹持油箱动作如果过强，也会对自然的转向产生阻碍作用，所以贴住车身、不施力的状态最好。

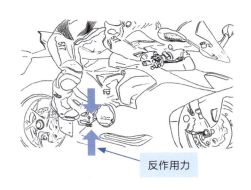

反作用力

在摩托车的圈子里只要一提到操控和弯道的话题，一定会听到"牵引力"这个词。或者一说到"牵引力"，脑海里就会浮现出运动街车的宽大的子午线轮胎。

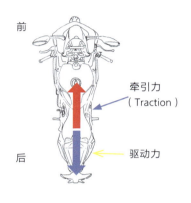

前

牵引力
（Traction）

驱动力

后

Traction，源自马车时代，在马车乘车人看来，是"被牵引着前行"的力量，直译过来就是"牵引力"。而到了现代，发动机安装在车体上，就变成了驱动力所带来的带有指向性的力。

也就是说，以轮胎抓地力为基础，触地点产生的"驱动力+抓地力"的"反作用力"（向前进方向推动的、带有指向性的力）就是牵引力。

"牵引力"在直行状态下把车体向前方推动。一旦车体产生倾角，行驶轨迹也随之形成曲线，此时的"牵引力"在驱动力的作用下使过弯更加稳定。与自行车的细轮胎不同的是，摩托车的轮胎为了承受车重、车速和离心力，必须具备相应的宽度、强度和刚性，并随着宽度的变化具备相应的圆截面。

积极利用倾斜车身时的圆截面上产生的抓地力，就会发挥出随之而来的"弯道牵引力"。

这个"弯道牵引力"就是倾斜状态的轮胎在地面滚动产生的连续的"离心力"和拧油门产生的驱动力的反作用力的合力。其大小和方向，都可以用油门开度和骑乘姿势的调整实现自主控制。

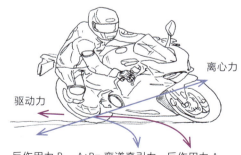

离心力

驱动力

反作用力 B　　A+B= 弯道牵引力　反作用力 A

车速和舵角的关系

如果车速很快，即使压得很深，也只产生很小的舵角；只要车速慢，就能根据倾角来控制舵角。

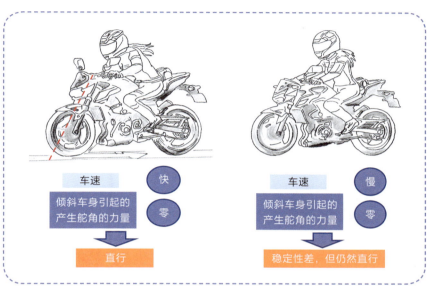

| 车速 | 快 |
| 倾斜车身引起的产生舵角的力量 | 零 |

直行

| 车速 | 慢 |
| 倾斜车身引起的产生舵角的力量 | 零 |

稳定性差，但仍然直行

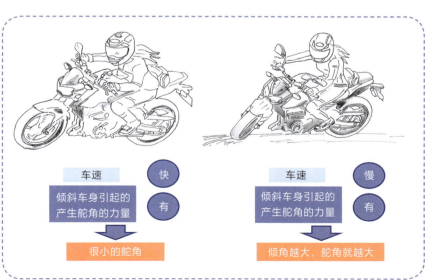

| 车速 | 快 |
| 倾斜车身引起的产生舵角的力量 | 有 |

很小的舵角

| 车速 | 慢 |
| 倾斜车身引起的产生舵角的力量 | 有 |

倾角越大，舵角就越大

73

过弯途中的视线到位并不是说动动眼珠子就可以，而是整个头部都转过去。这样就会在无意识中带动肩膀和身体重心的偏移，上半身向哪个方向倾斜，重心就移向哪里。

脸的朝向

双腿夹！

开始倾斜

只是视线过去了

无法转向

有的人发现即使做到扭脸，转向也不是那么到位。这种情况大多是因为你的两条胳膊没有放松，较劲导致妨碍了车把自然转向。所以采用正确的骑乘姿势，同时双腿夹持车身形成人车一体是必不可少的。

● **新手常犯的错误**

① 脸和视线没有朝向要拐弯的方向。

② 双腿夹没有做到位。

③ 双臂较劲，妨碍车把自然转向。

要看向弯道尽可能远的地方，随着摩托车前行，
视线也随之等量向前看

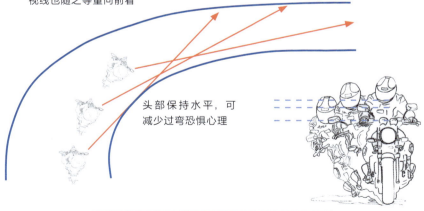

头部保持水平，可
减少过弯恐惧心理

头部随车身一同倾斜的话，就会难以掌握平衡感

● 拖曳距

　　摩托车向前行驶时，前减震延长线和轮胎接触地面的点之间的距离被称作拖曳距（5~10cm）。

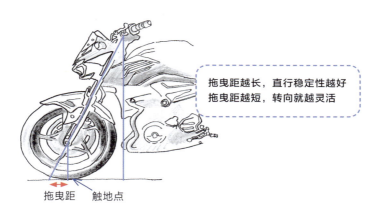

拖曳距越长，直行稳定性越好
拖曳距越短，转向就越灵活

拖曳距　触地点

● 前倾角

　　前倾角是前减震（转向轴、前叉）与垂线之间的夹角。运动型摩托车约为 25°，巡航车约为 32°。

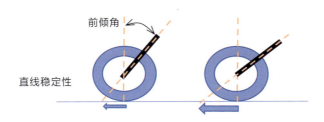

前倾角

直线稳定性

　　美式巡航车的前倾角和拖曳距都较大，运动型摩托车前倾角和拖曳距就小很多。

　　☆前倾角与拖曳距影响摩托车的操控性能。

第8章
复合操控

降挡补油

降挡补油是为减少减速降档过程中发动机制动对后轮的冲击感，瞬间给油平衡发动机转速的一种操控。

降挡补油的好处：

• 使降挡更加顺畅。

• 防止发动机制动效果过大。

• 减轻对离合器、变速箱及链条的负担。

> **顺序**
> ① 制动减速
> ② 左手分离离合器至半离合状态
> ③ 轻轰一下油门提高转速并回油门
> ④ 降低一个挡位
> ⑤ 接合离合器

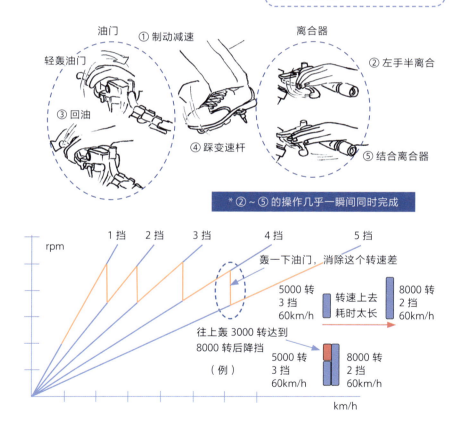

① 制动减速 离合器 油门
轻轰油门 ② 左手半离合
③ 回油
④ 踩变速杆 ⑤ 结合离合器

* ②～⑤ 的操作几乎一瞬间同时完成

rpm

1挡　2挡　3挡　　4挡　　　5挡

轰一下油门，消除这个转速差

5000转　转速上去　8000转
3挡　　　耗时太长　2挡
60km/h　　　　　　60km/h

往上轰3000转达到8000转后降挡

（例）

5000转　8000转
3挡　　　2挡
60km/h　60km/h

km/h

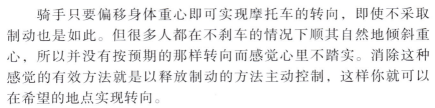

　　骑手只要偏移身体重心即可实现摩托车的转向，即使不采取制动也是如此。但很多人都在不刹车的情况下顺其自然地倾斜重心，所以并没有按预期的那样转向而感觉心里不踏实。消除这种感觉的有效方法就是以释放制动的方法主动控制，这样你就可以在希望的地点实现转向。

　　身体重心落在弯道内侧车座部分，以人车同倾的骑乘姿势稳定地围绕圆圈旋转。在这个状态下轻勾前制动手柄，能察觉摩托车从倾斜状态立刻向竖直状态回正。

　　如果松开制动手柄，车身就自然倾斜，前轮瞬间就形成一个新的舵角，行驶轨迹比刚才划的弧线更趋向于内侧。

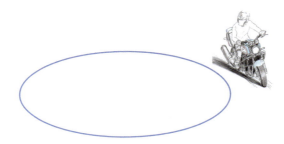

以匀速绕一个正圆场地，用右手食指和中指轻勾、松开前制动手柄，体验车身竖直、倾倒的感觉。利用释放制动的方法可以实现"想在哪里拐弯，就能在哪里正确拐弯"

注意事项：如果想形成清晰明确的过弯效果，释放制动的快慢要和倾斜车身的速度相匹配。通常入弯前施加前制动，入弯时一边释放制动一边倾斜车身。释放制动晚于倾斜车身的话，车体就难以压下去，更倾向于竖直状态。释放制动早于倾斜车身的话，前轮向内形成舵角的力不足，本应产生的离心力不足，形成不了与倾角的合理平衡。在半径比较大的平缓弯道里，可以慢一些倾斜车身，通过感受车把向内形成舵角的力度来调整释放制动的快慢。山间短而快的连续弯道和需要竞速的弯道，反应时间只是一瞬间的事情，只能是多次练习，记住两者配合的节奏。

● 使用制动的场合

直行进入，制动的同时将体重预载到车座左侧。

在第二排锥筒位置迅速完全释放制动。此时，向左侧积攒的"即将失去平衡的能量"瞬间释放，后轮左缘触地形成小弯的感觉会通过车座传递给骑手。

利用上面的技巧，按下图的场地（将45°角5等分，前10m不画线）看看使用制动和不使用制动所形成的转向轨迹有什么区别。

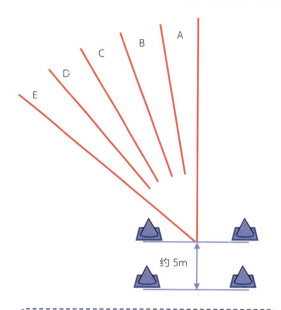

约 5m

注意事项：在你希望拐弯的地方（第二排锥筒）迅速彻底释放前制动。尽可能向后坐，以免妨碍车把自然转向，并且两条胳膊和肩膀要放松。
狭窄道路和雨天等可能因前制动造成打滑摔车的场合可以使用后制动。在高速公路的并线场景，即使不松油门也可以实现短促小幅度的转向效果。

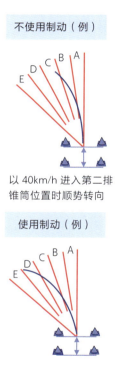

不使用制动（例）

以 40km/h 进入第二排锥筒位置时顺势转向

使用制动（例）

以 50km/h 进入第一排锥筒位置，到达第二排锥筒时减速至 40km/h，随即转向

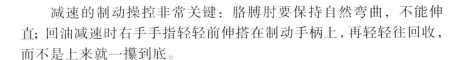

　　减速的制动操控非常关键：胳膊肘要保持自然弯曲，不能伸直；回油减速时右手手指轻轻前伸搭在制动手柄上，再轻轻往回收，而不是上来就一攥到底。

● **倾斜车身不需要用力**

　　释放制动是形成明确、犀利的舵角所必不可少的。前轮因制动而增加了稳定性，在这个状态下释放制动，摩托车的稳定感在这一瞬间会减弱。利用这个"瞬间"改变前进方向，摩托车就会像切换了开关一样开始倾斜，这个过程不需要用力。日常通过红绿灯、狭窄路段或雨天及高速并线场合，可以用后轮制动和发动机制动实现这个效果。

　　① 直线部分接近弯道时开始减速，用前制动器压缩前减震器行程，以备倾斜车身。

提前靠后坐，收腰形成猫腰状态，并将身体重心放在弯道内侧座椅上，等待你希望拐弯的那个点。此时即使重心在弯道内侧，摩托车在前轮制动力的作用下，仍然以稳定的竖直状态前行

② 当几乎到达拐弯地点时，再次施力，让前制动的力度更大一些，随后瞬间完全释放前制动。

此时应该能感受到摩托车顷刻间形成倾角和舵角，整个身体就像坐在后轮上一样，摩托车自然而然地以后轮为中心倒向内侧

③ 制动完全释放后，保持一定的油门开度至弯道趋于结束，以防止失速。油门控制是指用手掌适当顶住手把即可，而不是去拧。

④ 出弯时（看到弯道终点时）逐渐给油提速，扶正车身。

利用发动机制动和后轮制动转向

如下图所示，在即将转向时轻踩后制动杆，感觉到后轮被向后拽时，逐渐松开制动的同时，偏移身体重心倾斜车身，摩托车随即进入转弯状态。在通常的市内骑行速度下尝试这种操作很容易感受到良好的效果。熟悉这种操作之后可用于通过红绿灯以及摩旅路上的平缓大弯等不太需要压得很低的场合。轻踩后制动杆，就会在倾斜车身的同时产生明确的转向效果。虽然这个方法不能用于大倾角高速压弯的场合，但因其简单便捷，很多人都将其用于日常的骑行。

这种后轮制动不是用于减速，而是用于增强转向效果，所以事先必须充分减速。

即将转向时踩下后制动杆，车身被拽向后方，实现一个短暂的稳定状态

松开制动器就能轻快地转小弯

利用发动机制动或后轮制动，在偏移身体重心之前的瞬间产生有利于转向的抓地力

如下图所示，在短促的时间内轻踩制动杆并迅速松开。从时间上说，超过 1s 就太长了。在制动力的作用下，后减震器被压缩，产生指向后轮的应力。这个减震行程被压缩的作用达到一定程度也就意味着促进转向的效果结束了。

83

用短促、轻微的制动促进转向

偏移身体重心的同时，瞬间完全松开制动

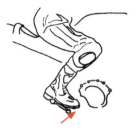

后轮制动、发动机制动过强都会带来不好的影响

　　过强的后轮制动或发动机制动会造成打滑或后轮上下跳动。其实使后轮在骑手希望的那一瞬间产生提高车身稳定性的、必要的减速抓地力就足够了。

　　后轮制动需要谨慎，稍微踩得深一些就容易抱死，甚至让有的人心里发怵。一些仿赛的制动系统初段调教得没有那么灵敏、强烈，效果也没那么明显，但再往下踩却会产生强烈的制动效果。

后轮打滑或抱死是无法转向的

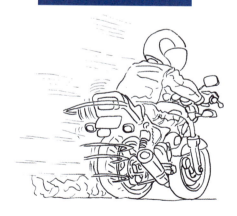

　　踩的方式不同，产生效果的差异也很大。如果你有用脚尖的习惯，力度稍大就会造成脚后跟上扬，这样就没法做细微的制动控制。

84

脚尖用力过大的话致使足底
上扬，无法做细微的调整

以脚踏为轴控
制踩的力度

足底踩住脚踏才能实
现细微的制动操控

　　发动机制动其实有时并不容易控制。很多骑手常常担心前轮制动力过大造成打滑而依赖发动机制动，如果在高转速区域完全收油门，还处于低速挡的话（比如 2 挡），后轮会在强烈的制动力下产生密集的上下跳动。其实快速连续降挡也很容易造成后轮跳动，2 挡高转速下完全收油门与其相比更极端一些。

　　转速越高，发动机制动效果就越强烈。所以在不同的转速区域收油门，制动力强弱不一，其差异很大。另外还有一点，转速低到一定程度，在某个点上制动效果会突然消失。所以一旦错过，发动机制动对于偏移身体重心倾斜车身就没意义了。

转速越高，发动机制动效果就
越强烈

发动机制动效果过强可能引发后轮跳动

发动机制动和动力曲线相反。
越是高转速区域，产生的效果
就越强烈。通常中转速区域便
于操控。另外，过低的转速下
制动效果会在某个点上突然
消失。所以不能用于偏移身体
重心倾斜车身

利用刚开始发挥作用的发动机制动效果实现转向

收油门后稍微滞后一些才会产生发动机制动效果。如下图所示，完全收油门后制动力随即达到最大状态。所以，可以在低于中转速（4000~6000rpm）的区域从一定的油门角度到完全收油门状态反复尝试一下。不仅从全开到全闭，市内常用的油门大小（匀速时）完全收油门的特性也要熟悉。需要留意的是，很多摩托车收油门进入发动机制动状态的滞后时间比较长。

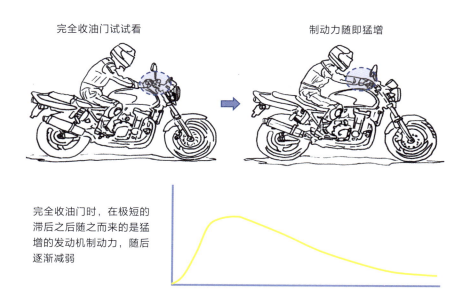

完全收油门试试看

制动力随即猛增

完全收油门时，在极短的滞后之后随之而来的是猛增的发动机制动力，随后逐渐减弱

即便转向时的发动机转速各不相同，但可以控制收油门的时机，使你更清晰地感受到利用后轮实现转向的感觉。即使在发动机制动效果较差的低转速区域（4000rpm 以下），收油门后还是会在一瞬间产生最大的制动力（上图中曲线的最高峰）。熟悉收油门的操控之后，可以在转向时（低于中转速的区域内），尝试一下从 3 挡迅速降至 2 挡、离合器接合的瞬间偏移身体重心的感觉。

分离离合器拐小弯

　　"分离离合器"指的是倾斜摩托车车身时的瞬间操作（1s左右），目的是形成倾角。分离离合器会使摩托车变得不稳，需要同时扭脸（也就是身体重心偏移）平衡稳定性。以左转为例，右肩大幅度向前探，左肩向后收，左右肩膀的连线与车把保持平行，胳膊的动作就会和车把保持一致。此时胳膊要处于放松状态，转向就非常容易了。

适合低速状态下的紧急拐小弯以及狭窄路段场景。扶正车身需要果断给油提速，周围明显没有人和其他障碍可能影响到这个提速的前提下可以选择这个操控方法

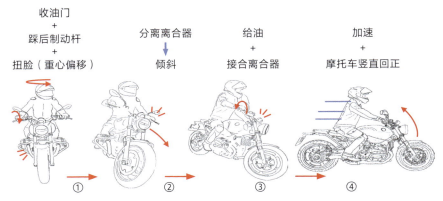

　收油门　　　　　　　　　分离离合器　　　给油　　　　　　加速
　　+　　　　　　　　　　　　↓　　　　　　　+　　　　　　　+
踩后制动杆　　　　　　　　倾斜　　　　接合离合器　　摩托车竖直回正
　　+
扭脸（重心偏移）

① 马上要到拐弯地点时，收油门用后制动减速。踩后制动杆的同时将整个头部大幅度扭向你要拐的方向，尽量把视线投得远一些
② 在拐弯地点的速度要足够低，离合器完全分离，持续1s左右。摩托车会瞬间形成倾角，拐出锐利的小弯
③ 倾斜的瞬间稳步接合离合器，同时给油提速
④ 继续给油回正车身

　　需要注意的是，不要因迟疑形成半离合，而是一收到底，随后稳步快速释放。油门也是同样道理，不能固定开度，而是一个短暂的迅速提速动作。

87

满舵起步掉头的重点在于静止状态下车把向左或向右已经没有余地，需要倾斜车身实现转向。

没有将车把打满、重视倾斜车身的普通掉头在实现转向之前需要一定的助跑距离。

这两种方式哪个可以实现更小的掉头通过下图会一目了然。

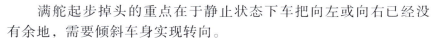

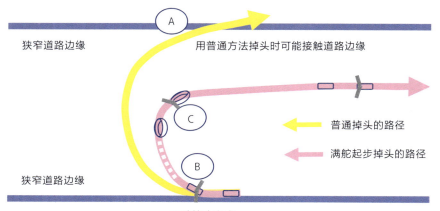

狭窄道路边缘

用普通方法掉头时可能接触道路边缘

普通掉头的路径

满舵起步掉头的路径

狭窄道路边缘

两种掉头方式

在起点 B 右满舵，双臂放松，胳膊肘略微弯曲，收腹，腰部重心向后，落座位置比通常还要靠后。

从怠速状态（比如 1000rpm）松开离合器至半离合状态，观察转速降至 700rpm，此时离合器开度保持不动，轻轻给油起步。起步后双腿夹持油箱和车身。右转的话左腿向车身方向施力。为了防止车把向左，起步后立刻完全分离离合器。视线朝向你要拐的方向。

在惯性作用下，摩托车从 B 点拐到 C 点，即将失速的状态下给油并接合离合器，车身随即回正恢复平衡。

用油门控制弯道平衡

在控制过弯平衡的技巧中，除了偏移身体重心之外，还可以拧油门对后轮施加驱动力提高弯道内的稳定性。这两种方法对市内拐小弯通过红绿灯和山里的大弯道同样适用。不过给油的动作需要果断干脆，不能犹豫不决。

● 果断拧油门（至匀速行驶的角度），而不是缓慢给油

① 在进入匀速行驶状态之前，保持完全收油门的状态

② 迅速拧油门至匀速行驶的角度（但这个油门大小又不至于低至发动机制动）

③ 拧至产生驱动力的角度后逐渐加大油门

不论是市内路口还是山里的弯道，发动机的动力传递至后轮，都会产生有效保持车身倾斜状态的平衡，使后轮通过触地点"蹬开"路面。直行状态就会更加笔直，车身倾斜时弯道内侧方向的稳定性增强。但由于不同的发动机转速下开始产生牵引力的油门大小不同，从收油门状态到开始产生有效牵引力的那一个小小的油门角度，出于谨慎而缓缓给油没任何实际意义。所以，当你判断需要结束完全收油门的状态，开始调整姿态平衡（扶正车身）时就不要犹豫不决，产生只拧一点油门的这种模棱两可的操作，迅速拧至匀速的角度，最后朝着弯道出口给油逐渐加速。但同时也需要留意避免后轮牵引力过大造成打滑。

 逐渐拧油门 抓地力增强效果弱

 快速多给油 轮胎抓地力强

如何才能实际感受到牵引力？

先在直线道路不碍事的地方练习。最开始使用3挡，以比怠速稍高又不至于敲缸（敲缸的话降1挡。相反，感觉提速猛的话升1挡）的转速（如果是1000cc的4缸车，减速至2000rpm，双缸车也要减速至3000rpm），快速大给油看看效果。如果一直拧到5000rpm以上的位置，会引发凌厉的加速导致危险。

掌握直线道路上的这种提速获得抓地力的感觉后再挪到弯道尝试。

● **不同的转速区域下，匀速及加速所需要的油门大小也不同**

用果断、及时的油门操控控制弯道平衡不是一件容易的事情。除了四缸、双缸、单缸等缸数因素之外，即便同为四缸发动机，也会因转速和油门大小的不同，引起不小的响应差异。

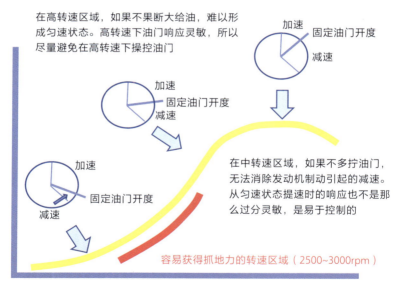

在高转速区域，如果不果断大给油，难以形成匀速状态。高转速下油门响应灵敏，所以尽量避免在高转速下操控油门

加速
固定油门开度
减速

加速
固定油门开度
减速

加速
固定油门开度
减速

在中转速区域，如果不多拧油门，无法消除发动机制动引起的减速。从匀速状态提速时的响应也不是那么过分灵敏，是易于控制的

容易获得抓地力的转速区域（2500~3000rpm）

在低转速区域，稍微给点油即可消除发动机制动而进入匀速状态。虽然还留有很大的加速油门余量，但油门响应是迟钝的

拧到哪个角度算是匀速、随后从哪个位置算是加速，视情况不同而变化。这是因为能感受到加速的油门位置（开度）随行驶

过程中发动机的转速区域而变化。开始入弯时完全收回的油门在车身倾斜状态下开始给油也是相同的道理，不同转速区域的油门大小也各不相同。

所以说，要先了解并熟悉自己爱车的发动机在不同转速下，拧多少油门会进入既不减速也不加速的匀速（油门大小不变）的状态。

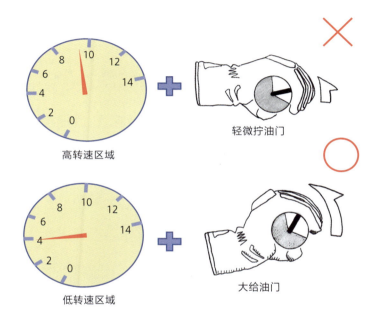

轻微拧油门

高转速区域

大给油门

低转速区域

总之，随着转速升高，不多拧油门就无法进入保持油门不变（匀速）的状态。高转速区域的响应很灵敏，所以，应该首先体验一下围绕中转速区域控制油门的感觉。对今后的骑行操控是否自信，取决于你是不是在了解发动机特性的前提下控制着油门。

● 连贯短促给油，增加抓地力

使轮胎胎面溃缩产生一个连贯的抓地增强状态，需要在低转速区域、扭矩上升显著的范围内升挡，在更高挡位上以同样产生抓地增强的转速短促给油，形成敏锐提速之前再次升挡给油，如下图所示。

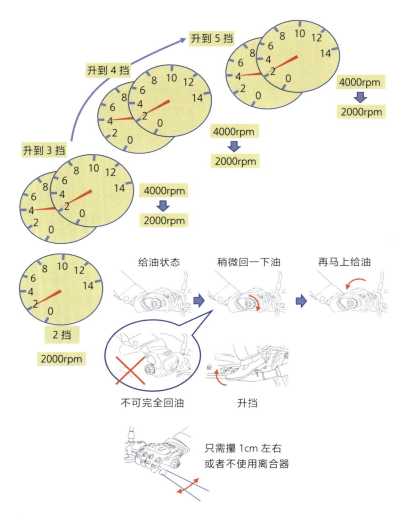

升到 5 挡

升到 4 挡

4000rpm

2000rpm

升到 3 挡

4000rpm

2000rpm

4000rpm

2000rpm

2 挡

2000rpm

给油状态　稍微回一下油　再马上给油

不可完全回油　升挡

只需攥 1cm 左右
或者不使用离合器

　　但升挡过程的"回油→分离离合器→升挡→接合离合器→给油"会因花时间产生驱动力中断，如果是过弯状态会让过弯变得不稳定。所以动作幅度要小，并且要快，油门动作也是停留在手腕轻微转动的程度。这个连续升挡操控熟练后可以在弯道环境下尝试。有一些仿赛甚至不用离合器和油门操作，在未回油状态即可上挑升挡。

● 完全回油和匀速的时间过长将失去平衡

逐渐给油以防止失去平衡

什么样的场景才需要用给油收油的方式控制平衡？先从最基本的方面考虑一下。比如，开始进入弯道时完全收回（关闭）的油门，在进入弯道后仍然保持收油状态的话，前轮的负担会不断增加。低速行驶时，前轮向内侧形成过度转向趋近于摔车；高速行驶时，前轮容易引起密集的上下振荡，到这个地步还不给油提速的话就会搓出去重重摔车。

所以进入稳定的弯道行驶状态，并在通过弯道差不多一半的地方，需要将油门拧至一个角度保持不变（匀速）消除发动机制动，找回车身原本应有的平衡状态，以防止前轮的负担过大。

刚进入弯道就迫不及待地保持油门开度不变也不太好。倾斜状态下后轮长时间没有驱动力，就只能依靠前后轮自身的附着力了。此时如果地面稍有凹凸不平就能引起前轮摆动，或者后轮微微有一点横向晃动就能传递到车身上，所以要尽早给油提速，哪怕油门幅度不大。

发动机制动的过程太长将
会引起前轮的过度转向

如果前方是那种路面情况未知的弯道，出于谨慎不得已让匀速过程长一些时，也应该稍微给点油，以增加抓地力。随后在转

一直匀速将使转向性能逐渐
变差，轨迹偏向弯道外侧

93

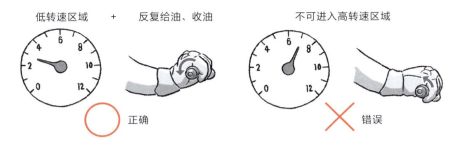

低转速区域　　＋　　反复给油、收油

不可进入高转速区域

正确

错误

速上来之前就收油限速，重复这个过程，除了能控制平衡外，还能保持稳定的过弯过程。

● **在车身微倾的状态下习惯用油门控制平衡的感觉**

　　若想体验用油门控制平衡的感觉，可以先从微微倾斜车身的场景"比如不用油门操控也能拐过来的小倾角弯道"练起。如果是大排量车，应将转速控制在 2000rpm 的低转速区域。随后在同一个小弯环境下，将偏移身体重心时完全收回的油门在开始转弯时拧到一个固定的油门大小（匀速）状态，这势必在一定程度上使过弯更稳定。当你熟悉这个感觉后，以更多的身体重心偏移把车压得更低一些，开始强烈转向时将完全收回的油门拧到匀速状态，要摔车的感觉会在一瞬间消失。

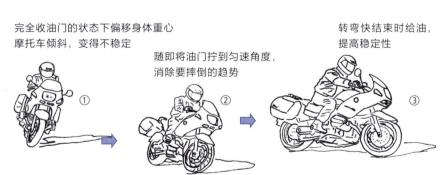

完全收油门的状态下偏移身体重心
摩托车倾斜，变得不稳定

随即将油门拧到匀速角度，
消除要摔倒的趋势

转弯快结束时给油，
提高稳定性

①

②

③

　　逐渐熟悉以后，练习从匀速状态给油提速，增加后轮驱动力使车身竖起。一开始，从匀速状态给油的瞬间你可能会有摩托车向弯道外围膨胀的感觉，这是由于过于谨慎逐渐给油的结果。先短促地多给一下油，再匀速逐渐给油，使后轮在驱动力的作用下

"蹬"地面，就会稳定地扶正车身，而不至于向弯道外围膨胀。掌握这个感觉后，以固定的油门大小使摩托车形成一个小倾角过弯，随后再给油施加驱动力的话，就能以较小的转向半径完好通过整个弯道。

反复感受这个发动机制动——➤固定油门角度（匀速）——➤给油施加驱动力、倾斜车身——➤过弯——➤扶正的过程，记住在什么时机下能拐出强烈的小弯并且可以在失去平衡之前补救回来。如果你骑的车比较沉重，为了稳定车身而一直较劲的双臂开始感觉轻松就完美了。

● **掌握技巧之后尝试在近乎失速的短促倾斜场景恢复平衡**

技能提高之后，可以练习下面更具有主动性的平衡控制技巧，这对于认知车身变得不稳定时以油门补救的可靠度尤为重要。

按照偏移重心即可倾斜车身的要领，先轻微制动再偏移重心，此时的油门是完全收回的状态。松开制动，车身失去竖直状态并开始倾斜的同时，体重也同步微微偏向弯道内侧，迅速压低车身。

一开始，倾斜到较浅的 20°~30° 即可，以此避免产生不必要的恐惧感。随后形成你想要的倾角时，不要使油门固定在一个角度（匀速），而是短促地拧到牵引力微微传递到后轮的程度。只要你有了车身在那一瞬间稳定的感觉，就立刻恢复到匀速（油门大小固定）的角度进入通常的过弯状态。这样练习的目的就是用

找准车身不再往下倾斜的时机给油，调整一下平衡看看

身体感受并记住用一瞬间的动力输出调控过弯平衡。

随着技能提高，逐渐在短促的车身倾斜场景练习，即快速压下去又瞬间给油扶正。反复多次这样练习不仅可以了解瞬时牵引力的可靠度，而且在湿滑路面上摩托车有失控倾向时，可以用同样的要领恰到好处地补救回来。多一个技巧就多一份自信。

● 给油施加牵引力时身体重心也要同步跟上

熟悉这个给油的操控方法后，为了更好地感受后轮"蹬开"路面的快感，一般都会倾向于给更多的油，一连串的动作会更加连贯。

但给油过大的话，在牵引力的作用下，后轮行驶轨迹开始向弯道外围膨胀。所以，找准刚给油的时机将体重更进一步指向后轮，同样会形成一个更大的抓地力。这不是什么多么难的动作，给油的瞬间使腰部再放松一些即可。开始加速时，上半身不要撑着和惯性力较劲，应顺势向后。用身体与车座的摩擦力稳住下半身，同时收肚脐顺其自然地承受住惯性力。此时后背也会在惯性力的作用下形成一个"猫腰"的姿势。另外，也要留意上半身因承受惯性力前倾，导致腰部上扬失去指向后轮的力量。

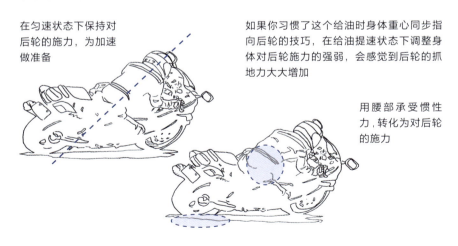

在匀速状态下保持对后轮的施力，为加速做准备

如果你习惯了这个给油时身体重心同步指向后轮的技巧，在给油提速状态下调整身体对后轮施力的强弱，会感觉到后轮的抓地力大大增加

用腰部承受惯性力，转化为对后轮的施力

如何获得轮胎抓地的感觉

　　有经验的骑手经常把"轮胎抓地的感觉"放在嘴边，他们谈论的是是否感受到了前后轮与地面的摩擦带来的安心感。抓地力强，就意味着可以放心通过弯道；抓地感弱，就会因心里不安无法正常制动或过弯。在此对如何提高抓地感做一个简述。

● 有抓地感心里就踏实

　　"抓地感"是感知自己和路面关系的唯一途径，"抓地感"很难表述清楚，而且不是说轮胎性能好，"抓地感"就一定强。有一个衡量骑手对于行车状态是不是放心的心理指标，那就是在过弯或制动状态下，骑手是否感觉到了摩托车会因轮胎打滑搓出去摔车。我们需要的是不会发生这种"突然搓出去摔车"的安心感。特别是前轮，因向左右产生舵角，在稳定性上是不完美的，骑手容易因此陷入不安的情绪。更何况两手还直接握着

前轮是否有抓地感，决定着你骑行是否踏实

能传递前轮动态的车把。如果前轮打滑，基本没有补救的余地而直接摔车，所以会对微小的动态变化非常敏感。

需要有意识地用腰部感受后轮的抓地感

　　后轮方面，只要不在过弯中加油过猛造成向外甩尾，基本上不会发生突然摔车的情况，不会像对前轮那样过分敏感。但后轮在多大程度上能够承受发动机的动力，骑手肯定是想通过离后轮距离最近的腰部感知后轮动向，进而了解到后轮对动力的承受极限。而这个感知需要的是"积极性"，不主动是感觉不到的。

● 容易感受到后轮抓地的骑乘姿势

　　所有的摩托车在结构设计时都考虑到了使骑手自然骑乘时更容易获得抓地力。如下图所示，从后背沿着腰部向下贯通的线应处于后轮触地点的稍后一点，坐姿最好满足这个条件。

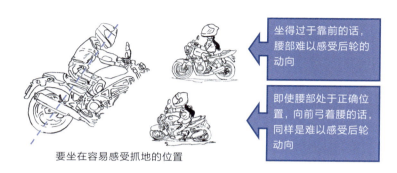

要坐在容易感受抓地的位置

坐得过于靠前的话，腰部难以感受后轮的动向

即使腰部处于正确位置，向前弓着腰的话，同样是难以感受后轮动向

● 容易感受到前轮抓地的骑乘姿势

　　首先要放松双臂，对前轮感觉不踏实的话可以先靠前坐，不用考虑后轮的抓地感。靠前坐可以双手清晰地感受到前轮微妙的舵角运动。有了感觉后，就尽早回到容易感受后轮抓地的姿势上去。不论什么情况也不能做出下面左图示意的那样，双臂伸直（难以应对转向）和过于靠前导致双臂弯曲的状态。

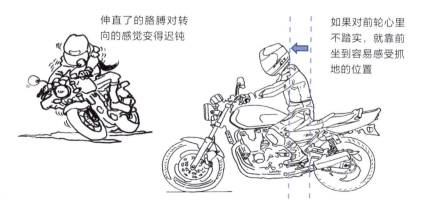

伸直了的胳膊对转向的感觉变得迟钝

如果对前轮心里不踏实，就靠前坐到容易感受抓地的位置

● 出弯回正时的前轮抓地感弱才会转向顺畅

　　对抓地感过于执着可能会妨碍摩托车转向，因此寻求前轮抓地感要适度。直行状态下的制动以及从倾斜车身开始进入稳定的过弯状态的过程能清晰地感受到前轮抓地。但弯道的后半程，给油回正的加速状态就不要指望前轮的抓地感，顺其自然是最好的。

　　后轮在驱动力的作用下强有力地"蹬"开路面，保持一个稳定的指向弯内的状态。前轮对地面的抓地力受加速的影响减弱，所以发挥作为不妨碍后轮转向的从动轮的作用是最理想的。

给油对后轮施加驱动力时，前轮顺其自然

● 不同胎纹和胎压的抓地感也不尽相同

胎纹少的话，抓地感就不稳定

胎纹多的话，容易获得抓地感

胎压过低时，形变不稳，容易打滑

恰当的胎压能确保轮胎受力时产生适当的形变

胎压高难以产生适当的形变，同样容易打滑摔车

● 冬季暖胎

以 3、4 挡，恰好不产生敲缸的低转速状态适度多给油加速。后轮胎面在驱动力的作用下向地面压缩，提高轮胎的温度

加速

减速

达到一定车速后松油门慢慢施加前轮制动，使胎面压向地面，速度降下来后再次给油驱动后轮，并反复这个过程直到胎温上来

你是不是在潜意识里认为凡是弯道，只要以固定的方法偏移身体重心压下去就可以？其实摩托车拐弯是否顺畅，和车身的倾斜速度有关，而这个倾斜速度因车速而变化。

● 发卡弯要慢慢倾斜身体重心，高速弯道的动作要短促、幅度小

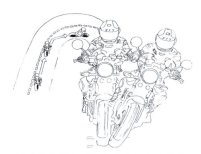

偏移身体重心时要顺应车把自然转向

如左图所示，通过发卡弯时，铁定原则就是一个"慢"字。刚要进入弯道时，身体重心微微偏向弯道内侧，车把会随着重心偏移产生舵角。与此同时，骑手应顺应弯道的曲率，根据需要向弯道内侧加大重心偏移量。此外，尽量靠前坐（甚至抵住油箱）适用于市内路口左转和右转，也适合市内道路频繁并线的场景。遇到相对难拐的发卡弯时，如果速度足够慢，用分离离合器的操控即可解决。

如右图所示，遇到用小倾角即可通过的高速平缓弯道时，用轻微、短促的动作使车产生一个瞬间的倾斜，而不是试图去压得多么深。车速很快时，骑手在强大的惯性下做什么动作都会觉得沉重。一个短促的小倾角动作所能感受到的反作用力也是小而轻，同时还能提高前轮的转向响应，形成明确、清晰的转向。如果此时仍然感觉沉重，就在形成倾角的一瞬间收一下油门，车就变得轻快起来。另外，靠后坐也非常适合这种视野良好、曲率不大的弯道。

采用提高转向响应的轻微、短促的动作

● 要能用身体感受到车把自然转向

如果你在通过弯道时，从倾斜身体重心到开始转向的过程中有什么不踏实的感觉，那么十有八九是你做了某些妨碍车把自然转向的操作。

这个车把自然转向形成舵角的特性因摩托车的不同而各不相同，同时也和车速与倾斜车身的速度有关。但有的骑手不知不觉中对车把施加多余的力量，或者完全无视车速和放倒车身形成倾角的速度之间的关系，强行压弯反而会妨碍车把自然转向，其结果就是转向不通畅。

操控要点就在于身体要顺应车把自然转向。要用身体感受并牢记自己的爱车的转向特性。先找一块空旷的地方，从低转速区域开始，尝试一下在不同发动机转速下偏移身体重心时前轮是如何产生舵角的。在低转速区域，如果过于顺应摩托车倾倒的趋势，前轮舵角就不断增大，所以在开始倾斜的时候就向弯道内侧微微偏移身体重心，这样就形成平衡，舵角不再增大。

放松双臂，用腰和上半身微微同时转移重心，制造一个契机

感受并习惯前轮在倾斜的车身的作用下产生舵角

随着车速提高，对形成舵角的感觉变得模糊起来。从车身倾斜开始，车把自然而然地形成舵角也就是一瞬间的事情，舵角也变得几乎感觉不到。所以尽量用身体去感受前轮微妙的转向响应，掌握用身体调控的节奏和强弱。

● 以恰当的倾角通过弯道

也许你在不知不觉中身体倾斜得过大，造成了转向不顺畅

感觉转向较劲时审视一下自己的姿势和操控是否有问题

即使在偏移身体重心、形成稳定倾角的过弯状态下，骑手其实也有不少妨碍转向的情况。本来你是以 60km/h 通过弯道，但你的倾角却不匹配，不是过深就是过浅，这是最典型的例子。很多人甚至都没有察觉到，就稀里糊涂地通过了。

倾角过大时，你会感觉好像哪里不稳定或者心里不踏实。有的骑手感觉不到前后轮的抓地力，总觉得车处于随时会摔出去的状态。也有的人怕形成过度转向，不知不觉中忽略了体重的偏移，或轻微向外掰车把，使得舵角不稳定，再或者就是上半身僵硬地把持着车把，限制了车身的自由倾斜。在新手阶段采用人车同倾的自然放松的姿势就能形成恰当的倾角。

● 前轮舵角过度，大多是与摩托车倾斜的速度不协调造成的

要说偏移身体重心时最担心什么，反馈最多的就是前轮向弯道内侧形成过度的舵角。这种情况不仅仅在发卡弯和低速弯道容易出现，有的人不论是什么弯道、什么速度都容易犯这种错误。

对前轮的状态过度关注就容易操控失误，应重新偏移身体重心

首先要检查一下偏移身体重心的力度是不是过大。在只想着放倒摩托车的强烈意识下用力的话，前轮的转向响应过度敏感，形成与摩托车倾斜速度不协调的舵角。前轮猛地向弯道内侧"别"

一下肯定会让你条件反射地吓一跳，这会让人失去自信，谈何骑行快乐。所以要回到操控原点上来，偏移身体重心时不能和摩托车较劲，要充分熟悉用多大的力度才能获得适中的转向舵角。有的人能做到从10°左右的较小倾角二次向内偏移重心，过程中还调节了车身倾斜的速度。建议偏移重心的动作要均匀，不可过猛，待习惯之后再提高操控水平。

● 让车把自然转向转化为顺畅过弯

学会获得适中舵角之后的下一个课题就是根据弯道的情况调整转向动作的强弱。在尝试"松开制动的同时偏移身体重心"这一组合操控之前，应该先习惯在顺应摩托车特性的前提

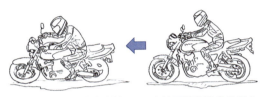

身体继续向弯道内侧倾斜，使摩托车转向更稳定　　自然而然偏移身体重心

下偏移身体重心，随后再次向弯道内侧倾斜重心，并调整其强弱。

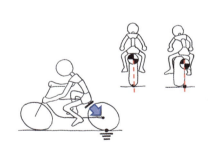

将体重尽可能施加在后轮，随后转移到弯道内侧的腰部。需要留意的是，此时两条胳膊不能受到任何影响。即便是有什么失误也不能在舵角方向施加力量。最好是双臂呈伸长的状态，以此对后轮施加较大的荷载。腰部如果有扭动的动作也会造成车身晃动，产生不好的影响。对已经偏移到内侧的身体重心做调整，会感觉转向效果有不小的变化。

在实际情况下，用这个技巧可以控制车辆进入稳定过弯状态之前停留在什么舵角上，或控制因偏移重心产生的倾角停留在什么程度上。

很多人都至少尝试过一次内倾过弯的沉腰姿势。虽然动作做出来了，但总感觉哪里不对劲，动作貌似简单但做得不到位。探出身体、体重分配、保持姿势都是需要技巧的。

● **腰部以扇面向外展开，用外侧的膝部挡住**

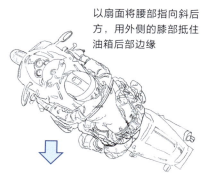

以扇面将腰部指向斜后方，用外侧的膝部抵住油箱后部边缘

沉腰虽说是个单纯的动作，但实际做起来却不是那么简单。沉腰属于偏移身体重心，对于后轮来说，从哪个方向施加荷载，产生的效果将产生很大的区别。所以不是说简单把腰部沉下去就可以

要留意探出腰部时臀部的位置

沉腰有许多需要留意的地方。先坐在静止的摩托车上用身体感受腰部如何向外偏移。首先用外侧的脚蹬脚踏杆将腰部顶向斜后方。在保证胳膊不伸得过直的范围内使臀部外侧向后，微微接触分段式车座或车座的后缘。这样外侧的膝部内侧肯定会抵住油箱后角。此时不能忽略腰部的位置，除了用外侧脚往上顶的力量之外，还要将腰快速向斜后方错开。此时需要留意腰应该自然停留在刚才的同一个位置，这样反复练习

将腰错开至同一个位置。腰部向斜后方收，头部保持在同一个位置的话，有益于操控姿势的同一性。与车把接触的手腕和两条胳膊必须是放松状态，只是下半身错开。

行驶状态中，骑手会因为车身上下小幅度震动等原因而分神，腰部不能顺畅、轻快地活动，导致错开的幅度变小或臀部的落座位置每次都发生变化。在入弯准备过程中还要加上制动的部分，所以这个向斜后方快速错腰至同一个位置的动作一定要果断、迅速，实际骑行过程中要反复练习和体会这个动作。

● 错开腰部，使转向响应更加灵敏

如果你的车是宽胎，将腰部微微错开比较好

　　有的骑手坚持人车同倾的优雅骑乘方式，说自己不会以沉腰的方式通过弯道。但如果你的车是扁平率为 50~60 的超扁平宽胎，坐在车的正中央偏移身体重心的话，摩托车从开始倾斜到形成转向将产生一个延迟，这样就无法实现清晰、明快的转向效果。

　　所以建议掌握探出半个臀部（轮胎宽度）偏移身体重心的技巧。这样是为了提高转向响应，而不是为了表现夸张的动作。

坐在宽胎正中位置的话，
转向响应迟钝

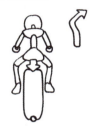

重心位于轮胎边缘上方的话，
转向无延迟

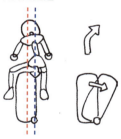

轮胎宽度 140mm、扁平率 70 时，这个转向响应延迟就很明显了。即便不是仿赛，而是普通摩旅用的车型，把腰部向外探出半个臀部的宽度就能形成鲜明、短促的转向

扁平率 70 意味着断面高度是轮胎断面宽度的 70%

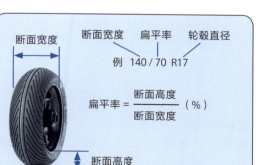

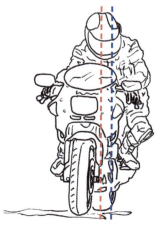

● 向正侧面偏移的话效果减半

改掉靠前坐的习惯

　　能沉腰的人不少，但大多指向的是正侧方。由于动作单纯，看着貌似很熟练，但看下图就能明白，腰部由车的正中央向弯内方向偏移的话，腰在前后位置上会向前位移，加持在后轮上的体重被带走。

　　由于后轮上的荷载变少，偏移身体重心时的转向效果变差，由车身竖直状态到倾斜车身的效率降低，随后倾角加大之前，前轮的随动也显现出转向不足的倾向。虽然稳定性不错，但转向性不佳。

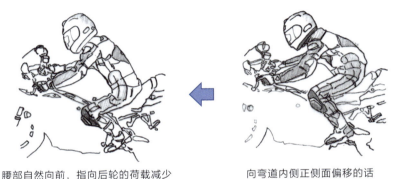

腰部自然向前，指向后轮的荷载减少　　　　　　向弯道内侧正侧面偏移的话

强行探出膝部导致坐的位置前移

　　即使没有向侧面沉腰，腿向外张开也是同样的结果。双腿膝部向外大大张开的话，弯道外侧的膝盖内侧肯定是没有贴紧油箱，这就印证了你是靠前坐的，自己审视一下坐的位置马上就会明白。另外，为了膝盖擦地而强行将弯道内侧的膝盖探向地面也会是同样的结果。膝部向正侧方分开，腰部就会相应地向前方位移。

　　看一下自己向外偏移腰部之后的上半身姿势，就知道是不是有不好的骑乘习惯。上半身挺起就意味着坐得靠前了。弯道外侧膝部的内侧贴着油箱后角的话，腰部就一定有向后的余地，身体此时一定呈现出压低的姿势。另外，臀部越是从车座向外探出，沉腰时越是容易形成靠前坐的姿势。在习惯之前，还是要避免不必要的深度沉腰，先从半个臀部留在车座上的程度练起。

坐得靠前的话，下半身无法收紧，导致转向不畅

强行向外探腿也会导致下半身无法收紧，引发转向不畅

牢记：沉腰 = 压低上半身

挺起上半身必然导致坐得靠前

● 沉腰更容易形成人车一体的状态

从大腿到腰部与车身密切接触的面积变大

目前大多数运动型摩托车在设计上都易于腰部向外下沉时使下半身与油箱后端及车座贴合。弯道外侧大腿到腰部与车座密切接触的面积也肯定会增大。能看出，与正坐在车的中线位置相比，更容易夹紧车身。

腰部错开的话，与车座的接触面积增大

轻轻向前"蹬"，效果会一下子增强

赛场上，弯道外侧膝部的内侧会因受力而红肿

为了将这种紧贴的感觉再增强一些，可以按照上面右图图示的那样，弯道的外侧脚向前蹬脚踏杆，将臀部向后顶，从膝部到大腿将车座带向后面，摩擦力一下子增强了。在赛道，车手会在比赛结束后发现膝部内侧因全力倾斜和全力制动红肿起来（如左图所示）。

● 体重不可施加给弯道内侧

反复练习，直至能完全做到只用外侧腿控制平衡

弯道外侧下半身对车体的贴合达到什么程度才算完美呢？如下图所示的那样，要达到弯道内侧的腿能离开脚踏杆的程度。也就是说，几乎没有体重施向弯道内侧。哪怕有一点力量施加在内侧脚踏上，偏移腰部带来的体重向后的效果就会大打折扣。这就和其他需要掌握平衡的运动（冲浪、滑雪等）一样，不能控制单腿掌握平衡就无法进步一样，只能努力去练习。

另外掌握这个操控之后，可以更积极地运用"错开腰部→下半身更加贴合油箱和车座，与车形成一体"所带来的好处，即"只用弯道外侧腿的贴合控制倾角"。

先尝试着只探出半个臀部，从车身竖直状态微微向左或向右倾斜车身，10°~20°的倾斜度就可以。臀部向左偏移就会在向右倾斜时车身形成外倾姿势。但不用纠结这些，像这样以微微卸掉部分体重的感觉诱发转向契机，就会从每个短促、清晰的车身倾斜中感受到转向（舵角的形成）。坐在车

座的正中间的话，就不能在单侧实现这么好的抵消体重的效果。

　　慢慢习惯后你会发现，只用外侧腿去贴合车身的方法对于控制摩托车有多么的重要。动作越熟练，这种认知就越清晰。

● 偏移腰部不要与倾斜车身的动作同步
先向外偏移腰部

　　什么时机向外偏移腰部合适呢。首先应该避免与倾斜身体同步进行，这是两个不同的动作。在倾斜身体完成转向的重要时间点上还要偏移腰部的话，施加在车体上的体重就会损失一部分。所以应该在倾斜身体之前的制动阶段先把腰部向弯道内侧偏移出来。随后保持这个姿势，松开制动即将开始偏移身体重心之前的一瞬间，再次将向后收的腰部连带着体重牢靠地指向后轮。

　　但是向外的偏移量大到臀部挂在外面的场合，也应该至少留半个臀部在车座上。和赛道反复经过同样弯道所不同，山里的连续弯道路面凹凸不平，或者可能遇到意想不到的情况，因此身体与车体的接触面积还是大一些好。身体开始倾斜时，外侧腿部的贴合力短暂放松一下，身体朝着倾斜的方向探出下沉即可。这里也可以看出和倾斜身体是不同步的。

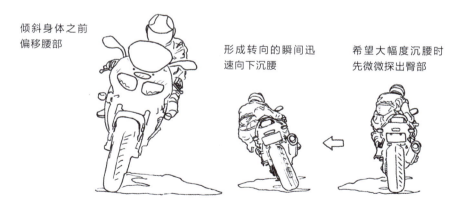

倾斜身体之前
偏移腰部

形成转向的瞬间迅
速向下沉腰

希望大幅度沉腰时
先微微探出臀部

S 字路线可以考验所有的操控技巧

体重的转移、对车体的贴合度的控制等，都可以在连续 S 字的来回切换中体现出来。

虽说这是一个连续的控制，但摩托车并不是线性连贯地左右摆动。如果追求摩托车实现连贯的蛇形摆动，那么行驶轨迹就会膨胀得很大，无法实现计划中的转向。所以，从左侧回正的摩托车在竖直状态下短暂停留一下，随后再次迅速向右倾斜身体。GP大赛中的车手也是在 S 字的切换过程中，在竖直状态下使车的动作产生一个瞬间的停留。就像被点动开关操控的那样，摩托车每次都按照车手的意志在意料中的轨迹上实现一个一个的转向动作。

从左向右偏移腰部时要注意不能和倾斜身体的动作同步。车辆由倾斜状态回正的过程中，为了下一个入弯迅速错开腰部。这样在回正状态下已经和通常的过弯一样，提前完成姿势上的准备了。

S 字的切换过程中，处于竖直状态时不要坐在正中央

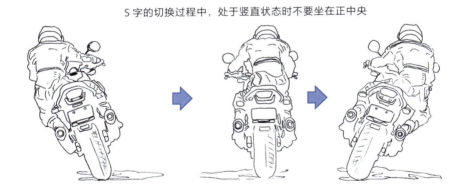

● **陌生弯道往往比想象的还要急，要尽早察觉**

　　如下图所示的那样，骑手察觉到可能应付不了前方的弯道（图中虚线为视线，红线①为即将失控的路径，圆点③为突然出现的障碍物）的瞬间，以轻微的前轮制动扶正车身并向弯道外侧靠过去，迅速再次压低车身调整为新的路径②。这种场景需要的是冷静、迅速的判断和操控。

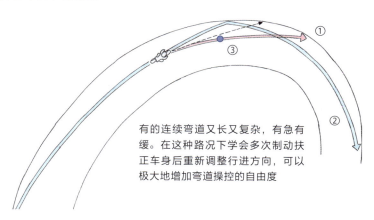

有的连续弯道又长又复杂，有急有缓。在这种路况下学会多次制动扶正车身后重新调整行进方向，可以极大地增加弯道操控的自由度

● **用手指轻勾前制动手柄瞬间扶正车身**

　　在通过弯道的中途修正路径最有效的技巧之一就是（为了再次调整身体重心）车身扶正，这个操作是通过前轮制动实现的。

轻勾前制动手柄

车身开始竖直，
不要较劲

接近回正时逐渐
增加制动力度

车身直立时做好再
次放倒车身的姿势

111

引起车身回正的前轮制动必须是轻度的，制动蹄块接触制动盘的一瞬间你就会感受到车身竖直起来。比如，尝试一下使20°的倾角变为15°，只要竖直一点点，就可以用更有力的制动减速，越竖直越可以施加强力制动。需要注意的是身体要放松，不可僵硬地把持车把。

● **身体重心留在弯道内侧，做好松开制动的准备**

　　车身竖直后还是要压下去的，此时需要注意以下两点：

　　① 随着车身竖直产生越来越强烈的前轮制动，后轮几乎离地的情况下松开制动会使前轮的负载增大，妨碍（偏移重心引起的）车把自然转向，所以需要在偏移重心之前释放制动力度。

　　② 车身回正的过程中仍然保持头部和身体重心偏向弯道内侧，只是胳膊追随车身的回正，这样在松开制动时能迅速再次压低车身形成新的倾角。

● **车身再次倾斜时，视线和身体要指向随后的行进方向**

　　视线：制动时视线投向正前方。即将偏移身体重心时，投向下一个弯道的外侧，进入偏移重心的状态后，视线投向内侧。

　　身体：倾斜车身的同时，将预先偏移出来的身体重心同步向内侧斜前方更进一步探出。

　　通过上述操作营造出低速过弯时前轮向内侧"近似转向过度"的感觉。倒下去的车身可以用弯道外侧腿的保持力停在任意角度，所以不用担心倾角会真的过大。

　　遇到带有较短直线部分的连续弯道时，微微倾斜车身以平缓的曲率通过。这样做的意义在于，倾斜车身产生的应力可以通过制动、偏移身体重心、油门控制富有节奏地施加在车身和减震器上，不失时机地享受骑行乐趣。

　　其终极体现就是下图所示的 S 字路线中的左右切换。用轻微的前制动使车身竖直，在预想的地点从容不迫地调整行进方向。

在湿滑路面安全行驶的先决条件是把车速降到安全的范围，但并不是说越慢越好，还要适度给油，对后轮施加驱动力。推动车身向前的力量会带来整体的稳定感。

● 尽可能让后轮有动力的时间更长一些

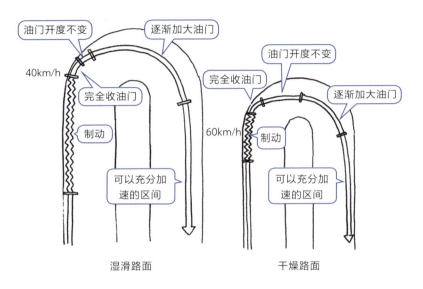

湿滑路面　　　　　　　　　　干燥路面

● 如何以安全的小倾角通过弯道

在湿滑路面通过弯道时，偏移身体重心的动作因过于怕摔车反而拖泥带水。所以偏移身体重心时需要比干燥路面状态下更加果断一些，以形成有效、安全的小倾角。临近转弯的直行状态下，

用弯道外侧的腿和腰承载体重。此时两条胳膊和肩膀应处于放松状态。和干燥路面时相比，要坐得更靠后一些，使体重施加在后轮上。在腰部向内微偏、近乎人

车同倾的状态下，使外侧的腿连带着车座上的腰部分量由外侧施加在车身上，促使微微向弯道内侧倾斜，同时保持轻微制动的状态。在拐弯的地点松开制动的同时，迅速释放施加在外侧的体重，这样就会产生一个安全的小倾角。

● **制动时要考虑到湿滑引起的响应延迟**

    制动盘上有水分的状态下，车是停不下来的。

    雨天时有条件的可以找一个安全的地方感受一下湿滑的制动盘在多大的制动力度下行驶了多少米才开始起作用，并记住这个感觉。

还很湿滑

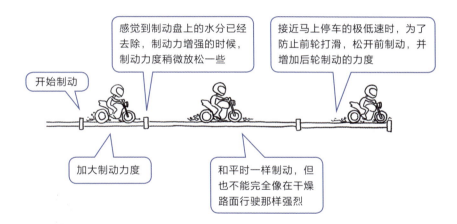

感觉到制动盘上的水分已经去除，制动力增强的时候，制动力度稍微放松一些

接近马上停车的极低速时，为了防止前轮打滑，松开前制动，并增加后轮制动的力度

开始制动

加大制动力度

和平时一样制动，但也不能完全像在干燥路面行驶那样强烈

● **低转速、适度大油门**

    如下图所示，使用比干燥路面所使用的挡位高出 1~2 挡的挡位，在低转速下通过弯道。在同样车速下，挡位越高，转速越低，气缸每次做功转化为后轮抓地的作用就长一些。

4 挡　　抓地力强　　　2 挡　　抓地力弱

● 避免带"急"的动作

　　雨天不能在井盖、施工现场的铁板、油漆车线上通过。另外，沥青路面上的泥也是很滑的。总之，原则上只要是打滑的地方都不要转向。无论如何也无法避开时要尽量使车身保持直立状态通过。

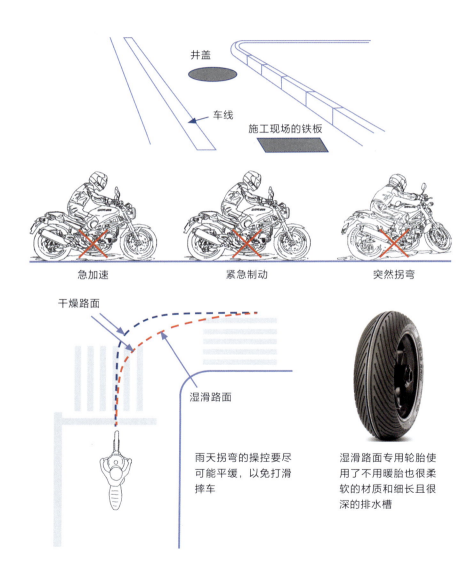

急加速　　　　　　　紧急制动　　　　　　突然拐弯

干燥路面

湿滑路面

雨天拐弯的操控要尽可能平缓，以免打滑摔车

湿滑路面专用轮胎使用了不用暖胎也很柔软的材质和细长且很深的排水槽

通过弯道时如何选择挡位

很多人在接近弯道时都会犹豫用什么挡位通过。山里的连续弯道很多都是未知的暗弯，到底什么速度能安全通过，不明白这点的话肯定无从选择合适的挡位。

● 眼前的弯道能以几挡通过?

进入弯道时不要考虑挡位的高低，而是在进入弯道前将车速降至自己能控制的程度。此时的挡位应该能够确保在弯道内实现加速，且发动机转速不能过低。

● 不要像赛道那样考虑最高功率

正是因为赛道内可以多次通过同一个弯，所以骑手可以根据其弯曲程度做相应的操控，也敢于以高转速出弯。而山里的连续弯道就不一样了，即使你常来，也会有对向车的不确定性，还敢于这么挑战的话，无疑就是一种自杀行为。

大排量高功率车型也不见得追求保持高转速的行为。因为不论多宽、抓地力多强的赛道轮胎，一旦超过极限滑出去，即使你勉强控制住，也对比赛成绩没有积极意义。所以专业的骑手会以轮胎能抓住地面的转速通过弯道。

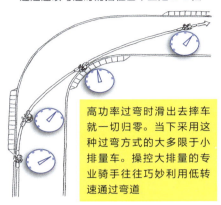

通过连续弯道时的挡位基本上是 2~3 挡

高功率过弯时滑出去摔车就一切归零。当下采用这种过弯方式的大多限于小排量车。操控大排量的专业骑手往往巧妙利用低转速通过弯道

● **降挡和发动机制动都要平缓**

　　入弯时，把发动机转速控制在低转速区域的重要前提是提前减速。此时需要绝对避免在高转速区域的降挡行为。在那种忘乎所以加速后猛然发觉弯道已经近在眼前的情况下，很多骑手往往忘记等待发动机转速降下来，迫不及待地试图降挡减速。高转速下的降挡肯定会引发强烈的发动机制动，后轮在减速惯性力的作用下产生跳动，抓地力急剧减少。

　　所以，为了预防这种情况，应在入弯前的阶段尽早减速。收油门时转速还很高的话，只用制动器减速，等待转速降下来。

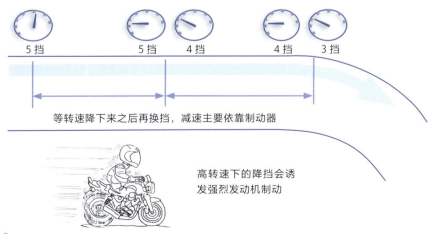

5 挡　　　　5 挡　　4 挡　　　　4 挡　　3 挡

等转速降下来之后再换挡，减速主要依靠制动器

高转速下的降挡会诱发强烈发动机制动

● 掌握过弯中途升挡的技巧

在转速提起来之前瞬间升挡

在弯道绵延不断、保持 2 挡的状态发动机转速有可能达到高转速的情况下，在中转速区域内尽早升到 3 挡。这个转速区域内车身稳定，能平顺通过弯道。

3 挡

2 挡

通过升挡避免进入高转速区域

回油的瞬间稍微分离一下离合器，挑变速杆的同时油门也要跟上。需要特别注意的是，不要完全分离离合器，半离合或者轻点离合器即可，否则会导致驱动力中断，引起过弯中途的不稳定。

在弯道入口就应该想到出弯之前的加速过程，所选择的挡位应能控制住发动机转速。所以，"减速入弯·加速出弯"并不是一句空洞的口号，而是安全享受过弯的大前提。

倾斜车身过弯时，有时会感觉到前轮向弯道内侧形成过度的、比预想的要强烈的舵角。或者是另一个极端，摩托车的行驶轨迹以转向不足的状态向弯道外侧膨胀。上述两种情况是因为本应带来顺畅转向的前轮并没有随着车身倾斜产生自然的舵角，这可以通过车手改变落座位置和调整身体重心来预防。

● 是否处于转向不足或转向过度的状态

前轮无法形成符合操控意图的舵角

在市内红绿灯或发卡弯道等低速场景拐弯时，有时骑手会产生前轮转向角度过大、摩托车要摔倒的感觉。这是由于前轮的行驶轨迹比车身的轨迹大大向弯道内侧收敛的缘故（下图左）。相反，车速过快时，虽然已经倾斜车身，但是前轮向内受阻，前轮的行驶轨迹比摩托车整体的弯道内轨迹更平缓，这就是转向不足（下图右）。还有一种情况，就是摩托车进入弯道时，车辆整体都自然而然地以合理舵角通过弯道的状态（下图中）。

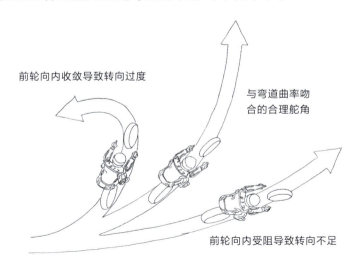

前轮向内收敛导致转向过度

与弯道曲率吻合的合理舵角

前轮向内受阻导致转向不足

前轮形成的舵角不应该妨碍自然过弯

摩托车的前轮不是在行驶过程中靠着骑手向左向右"打把"

形成舵角的。偏移身体重心进入弯道时，前轮沿着后轮和车身轨迹的外围划出一条弧线。此时舵角应处于一个自然的程度，不应该妨碍后轮的转向效果。比如，把前轮固定住，不让它向左向右转动，即使倾斜车身，摩托车也不会转向过弯。所以说，舵角是因车身倾斜形成的。但有时轮胎的截面形状等多种因素也会影响转向性能，骑手只要顺应自然保持平衡即可。

为什么前轮有时难以形成处于良好平衡状态的舵角

前倾角和拖曳距这些固定的参数决定了倾斜车身时会形成一个自然适中的舵角。但某些情况下，比如车速的大幅度变化，以及驱动力强烈等因素就会对转向平衡造成要么过度、要么不足的影响。

还有，车手的落座位置等重心因素也会对前轮的转向平衡产生影响。所以骑手要尝试并记住调节前轮的转向平衡。

● 摩托车前轮因倾斜车身产生转向角度

为了不妨碍前轮的转向平衡，首先要熟知并习惯爱车的转向特性。只要倾斜车身，前轮就会在前倾角和拖曳距的作用下产生舵角。我们骑乘的是基于这个原理通过弯道的车辆。如果对此没有深刻的认识，前轮产生舵角时，双手会不知不觉地控制车把。

随后可以实际感受一下。20~30km/h 的缓慢车速不是不可以，但车速过低的话，车身会因为没有在陀螺效应[1]下产生足够的惯性而晃动。还要留意的是，为了避免发动机制动的影响，应该以较高挡位在完全收油门的状态（此时的转速应该为 2000~3000rpm）下，双腿适度夹紧车身，只以下半身的力量使车身倾斜。当然，此时两条胳膊和手应该是放松的状态，不能对车把施加力量。如果能感受到前轮向弯道内侧偏转就没有白费力气。反复用这个方法体验车身倾斜时是如何形成舵角的。更进一步，如果能在低速、发动机制动的前提下，体验前轮向内侧猛地产生舵角近乎摔车的感觉，认知就会更加清晰，更加自信。

1）旋转的物体具有稳定性，转速越高越稳定。就摩托车而言，车轮的旋转使行驶更加稳定。

前轮因车身倾斜产生舵角

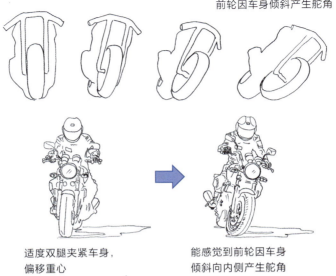

适度双腿夹紧车身，
偏移重心

能感觉到前轮因车身
倾斜向内侧产生舵角

● 转向特性因车身倾斜的快慢和车速而变化

　　前轮的转向特性会受到车速和放倒车身形成倾角的速度影响。比如，当车速较低时，身体动作如果滞后于车身的倾斜速度，逐渐形成舵角的前轮向内侧偏转的幅度就会更大一些。而试图控制车把阻止摩托车倒下去的势头，前轮反而会转向不足，过弯就变得困难起来。另外，低速时偏移身体重心更容易一些，容易形成车身倾角过大慌忙中试图挽回的情况。换句话说，在低速行驶时，只要你偏移身体重心时没有狠压车身的念头，偏移的身体重心就能与倾斜的车身保持同步，就容易得到易于控制的合理舵角。

　　此外，车速快，摩托车的惯性就大，前轮的转向效果减弱。如果还以低速时的操控感觉猛压下去的话，就会觉得前轮的转向响应慢。本来就已经是转向不足的势头了，慌乱下还向弯道内侧打把的话，就更加导致转向不足、难以顺畅转弯了。所以在快速行驶状态偏移身体重心时，摩托车倾斜的速度应该与前轮自然转向的速度吻合，这样就会形成顺畅通过弯道的合理舵角。

● 落座位置影响转向特性

　　如下图所示，靠前坐还是靠后坐，将大大影响前轮的转向响应。因为坐的位置也是倾斜车身的施力点。坐得靠后的话，对前轮转向施力的作用就大一些，转向响应也就更灵敏。高速行驶时，前轮的转向迟缓，靠后坐即可提高响应。不过，坐得太靠后就会造成转向过度。

　　相反，靠前坐会形成温和的转向响应。低速行驶时，前轮响应迅速，需要一个稳定的转向效果时就可以利用这个方法。过分靠前的话会导致转向不足，所以需要多次尝试，用身体感受向前坐多少对转向灵敏度的影响有多大。这个落座位置的调整也是操控沉重大排量车的技巧之一。同时，这个技巧可以用在希望调整转向响应的很多场景下，和车速无关。

靠后坐：
转向响应
变灵敏

靠前坐：
延迟转向
响应

● 用上半身保持转向平衡

　　正是因为摩托车是靠掌握平衡行驶的车辆，所以除了骑手靠前坐、靠后坐的落座位置因素之外，上半身的姿态也会对前轮产生较大的影响。上半身向弯道外围倾斜，会导致转向不足使行驶轨迹向外膨胀，过于向内偏移则会产生舵角过大的结果。利用这个原理，可以在转向失衡时通过上半身的姿态起到修正的作用。比如，感觉前轮逐渐向外围偏离时，肩膀向内侧倾斜，就会缓解向外的趋势，修正为良好的合理舵角。相反，感觉前轮向内形成转向过度时，挺起上半身就有可能缓解。

调整头部和肩膀的位置找一下适中转向的平衡

感受前轮触地点的同时试着调整肩和头部的位置

另外，轮胎截面形状和减震器的设定也会影响转向特性，所以有时向内偏移头部和肩膀反而向外膨胀，向外偏移反而向内转向过度的情况也不是没有可能。此时继续放低探向内侧的上半身，前轮有可能会恢复良好的平衡。

● **发动机制动时间过长会逐渐倾向于转向失衡**

如果有一条长长的弯道，从高转速一下子完全收油门，在强烈的发动机制动状态下倾斜车身过弯的话，前轮的负担过大，大多情况下都会向弯道外围膨胀。极端情况下前轮细密地上下跳动，诱发震颤现象，弄不好会失去抓地力向弯道外围冲出去。

骑手为了保持稳定的过弯状态而控制车身，也就是保持着倾角的状态下，发动机制动使车速逐渐减慢。所以前轮舵角也会因此增大而转小弯。对于向内侧转向的前轮来说，倾角也要必须跟上才行，但车身被骑手施力控制着，所以本应向内的前轮就会产生更大的弧线轨迹，作为表象来说，就是逐渐形成转向不足的状态。

所以，在弯道内不能长时间处于发动机制动的状态，最长不能超过 3s，否则会使前轮产生负担。低速行驶的话不能超过 2s。前轮的负担增加之前，稍微给油以产生匀速的状态（一定的油门开度）。

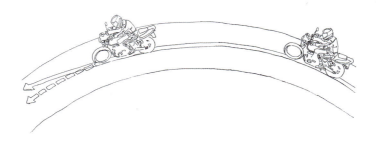

● 油门过大就会失衡向外膨胀

出弯扶正车身时，给油使后轮获得驱动力，以此稳定加速和过弯平衡。这个出弯的给油过程也容易造成转向失衡。最典型的例子就是猛给油造成的急加速使得后轮猛推前轮，摩托车因此向外围冲去。前轮的抓地力并不是很强，猛地受后轮推动，瞬间就会失去转向平衡。

作为预防手段，要么逐渐给油，要么避开高转速区域，利用中转速区域的稳定的油门响应。但如果你想快速通过弯道，肯定会尽早提前给油，对后轮施加强有力的驱动力。此时就要尽力靠后坐，避免转向不足的状态。还需要注意，进入弯道的提前制动会导致身体向车座前面移动。

另外，有的车会因为后轮的调校引发行驶轨迹受驱动力影响向弯道外侧膨胀。比如，后减震行程压缩过度，摇臂对车体的角度不正常等情况就容易发生，这可以通过调整后减震的压缩行程和预负载来解决。

油门要稳，不能大、急

125

通过发卡弯

在山路享受过弯乐趣的骑手遇到发卡弯道时，有很多人会感到发怵。不仅速度低、难以保持平衡，而且通过弯道的时间还较长。面对这种掉转 180° 的弯道还是需要一些小技巧的。

● 对发卡弯发怵和感觉无聊的原因

发卡弯，特指几乎呈 180° 调转的较长低速弯道。在基础设施良好的山里已经比较少见了，但进入大山深处免不了还会遇到。为什么很多人在遇到这种发卡弯时会抵触呢。如下图所示，首先，在看不到前方情况的山间小道上，还没有意识到这是弯道入口，就已经到眼前了，单是这一点就能让骑手吓一跳。随后是入弯阶段，和 60~80km/h 的时候不同，车身不稳定，车把也容易有多余的力量介入。随着继续推进，弯道还没有结束，你即使试图为了提高稳定性而拧油门也效果不佳，因为发卡弯的通过时间比曲率较低的中速弯道要高出好几倍。好不容易到了出

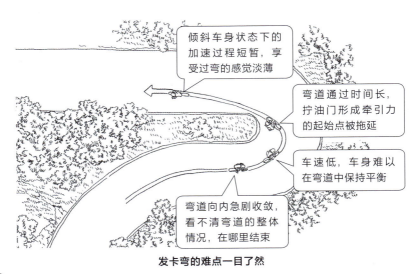

倾斜车身状态下的加速过程短暂，享受过弯的感觉淡薄

弯道通过时间长，拧油门形成牵引力的起始点被拖延

车速低，车身难以在弯道中保持平衡

弯道向内急剧收敛，看不清弯道的整体情况，在哪里结束

发卡弯的难点一目了然

弯地点，但由于弯道小，为了避免冲向外围不敢及时给油提速，这样的状态保持到弯道几乎结束的直线部分才勉强可以大给油提速。但此时车身已经直立起来，完全享受不到过弯的乐趣。

● 将偏移身体重心的作用一瞬间体现到转向上

不论什么样的弯道，开始转向时姿态的好坏决定了整个过弯质量。发卡弯也不例外，要提前充分减速，开始入弯时轻微带着一点点前制动，偏移身体重心的同时只用一脚短暂的后制动作为促成转向的契机。

试一下就能感觉到，踩一脚制动形成向后拖曳的力使得摩托车瞬间稳定，此时要及时向弯内方向微倾身体重心，松开制动就会感觉到轻盈的转向效果。

同时还需要像下面图示那样，转向前要向弯内做好扭脸动作。如果此时只是看前轮前面一点的话，整个转向过程从开始就变得拖泥带水。扭脸的同时还要尽可能向后收腰、尽量靠后坐（甚至勉强够到车把的程度），将体重施加在后轮上。对车把和前轮完全放松的前提下，用腰部轻微把后轮向弯内"拨"过来的感觉进入转向状态。

（例）遇到下坡发卡弯时靠后坐的具体动作：外侧脚轻轻向外蹬脚踏杆，使脚踝隔骑行靴贴住车体，同时使膝部由外向内贴油箱面，并且用外侧大腿向后顶腰部。弯道内侧的脚在脚踏上不施力，虚放在上面。内侧侧腹放松，使身体重心向弯内低处偏移

发卡弯最忌讳的就是逼近弯道时的猛制动。通过这种特殊低速弯道时要尽早制动、尽早完成减速的绝大部分。在入弯点上只留着一点点制动力的状态是最理想的

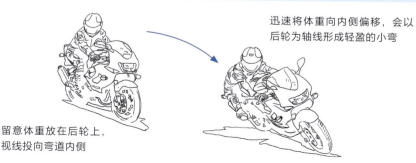

迅速将体重向内侧偏移，会以后轮为轴线形成轻盈的小弯

留意体重放在后轮上，视线投向弯道内侧

127

● 发卡弯特有的技巧——忍着不给油

　　发卡弯属于特殊弯道，不仅掉转 180°，而且过弯时间长，速度提不起来，所以其他弯道通用的常识在发卡弯并不适用。

　　发卡弯有其独特的技巧，那就是前半部分完全收油门，以发动机制动的方式朝内侧拐出一个小弯，摩托车即可更早瞄准弯的出口进入出弯状态。如果倾角固定，20km/h 一定比 40km/h 能拐出更小的弯。因此，以发动机制动的状态进入弯道，前半程逐渐减速 (40km/h → 30km/h → 20km/h)，摩托车随之向弯内越拐越收敛。一般人无论如何也不适应这个倾倒的感觉而去试图拧油门，而此时恰恰需要忍住，保持发动机制动的状态。此时与其说是通过弯道，倒不如说是小弯掉头。

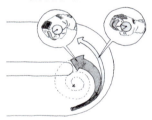

均匀的油门难以过弯
以发动机制动拐小弯

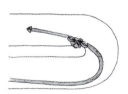

以小角度贴向内侧，
随后直线加速

● 车体随着拧油门提速、逐渐直立

　　车体在发动机制动的作用下，随着向内收敛的小弯接近出弯位置，此时若只是拧油门试图提速，摩托车并不会按照你的意图做出反应。因为刚刚还是很大的倾角，此时即使给油，后轮也只是向外甩，甚至骑手都难以察觉。由于发卡弯就是这种大倾角低速弯道，所以在出弯阶段，也就是弯道的后半程抓地力不足，出弯效果不好。

　　因此，当车体对准出口进入出弯状态时，应该尽早跟上给油的节奏使车身扶正。感觉到牵引力时，继续顺应扶正的态势。随着做出这样富有节奏的连贯动作，车体就会有力地提速出弯。

和相对竖直的状态相比，车身越倾斜，弯道过载越大，但这也是中高速弯道的情况。中高速弯道的抓地力就已经很强大，继续给油提速的话，弯道稳定性会更强。这点和发卡弯是完全不一样的。在低速的180°发卡弯，反倒是车身回正的状态下牵引力更容易传递到轮胎上。

明快、果断、有节奏地扶正车身

● **下坡发卡弯怎么通过**

油门保持固定开度，使牵引力传递给后轮。在平坦路面的发卡弯道，可以采用收油门产生发动机制动的方式，而下坡则需要尽可能增加后轮的负载。

即便是下坡，出弯的加速阶段也要充分给油提速。下坡时一般对给油操作心生犹豫，但这种不果断反而难以使车体稳定。

做到以上两点的前提是入弯前充分减速。若是按平坦路面那样的车速入弯的话，在下坡的惯性作用下肯定不敢加油提速。所以这个减速不仅是为了通过弯道，还有后半程加速的意义。

③ 偏移身体重心后迅速调整为油门固定的匀速状态
平坦路面的发卡弯道，发动机制动是有效的。但在下坡弯道，为了尽可能增加对后轮的施力，开始转向时立刻进入油门固定的匀速状态。有意识地让视线一直投向弯内方向，体重施加在后轮上

④ 即使是下坡，也要尽早给油充分提速
车体对准出弯方向时，尽早给油提速。不要因为是下坡而对给油畏畏缩缩，不可给油幅度小。为了减缓前轮的负担，要充分拧油门提速

② 双肘略弯，增加对后轮的施力
发卡弯需要比中速弯道更强的后轮施力。双肘弯曲、压低姿势会使重心自然后移

① 要比平坦路面更早减速
因为是下坡，所以需要比平坦路面更早减速，这也是为了过弯中途和车体扶正时对后轮施加足够的牵引力

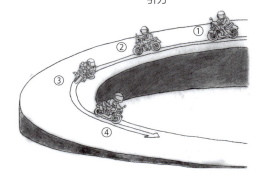

摩托车顺应车轮转动的陀螺效应和车身倾角，车把自然而然地形成舵角而保持转向平衡。而反推指的是有意识地打破这个平衡，人为地向希望拐的方向反向打把使摩托车改变行进方向的操控手法。

人为地打破离心力与重力的平衡，失去离心力的瞬间，在重力作用下一下子被拉低倒向地面

　　正常情况下，快一些把车身压低，将身体重心向弯内倾斜，车身反而会因为反作用力向弯道外侧甩，在车把自然转向的平衡作用下，对车身的倾斜形成阻力。低速时还勉强能放倒车身，速度快的话，如果没有大幅度的重心变化，很难形成倾角。而很小的一点反推的作用，可以抵消摩托车的固有平衡力，迅速倾斜车身形成转向。

● **直行向左紧急避险（例）**

　　① 感知到危险。

　　② 提前踩后轮制动杆（一瞬间）。

　　③ 立即前轮制动。

　　④ 松开制动的同时，向你希望拐弯的反方向打把（一瞬间的动作，左侧推或右侧拉）。

　　⑤ 抬起臀部，用力踩你希望拐弯方向的脚踏。

左车把向前推，或者右车把向后拉

⑥ 重心（体重）加持在拐弯内侧的车座上。

● 运动过弯场景下形成锐利的倾角（例）

通过调控（限制和放开）车把自然转向实现两个效果：

① 在保持过弯预备姿势的状态下制动减速。这样不仅随后能够瞬间偏移身体重心放倒车身，而且在对弯内荷载的作用下大大增加了过弯抓地力。

② 保持高度过弯抓地力的状态下，任意时机都可以在你希望的时间点放倒车身形成倾角（因为你已经做好了准备，想在什么时候转向都可以，既可以提前，也可以延迟）

● 限制车把自然转向等同于反推

将反推用于运动过弯时：

① 施加前制动的同时以小倾角进入入弯点。

② 用弯内一侧的手抵住在车把自然转向作用下形成舵角的力（此时制动力越强，朝弯道内侧形成舵角的力就越大）。

③ 随后在你认为需要明确转向的地方，卸掉抵住车把的力。

④ 偏移身体重心放倒车身的同时松开制动（③与④同时做）。

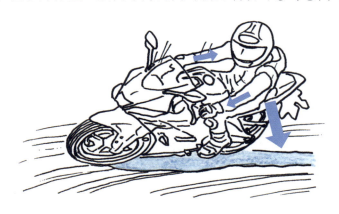

骑摩托车跑山是最能体验骑行乐趣的事情，第一次进山的新手大多不知道怎么跑弯道，就是随着曲线跑。实际上跑山里的弯道有很多种技巧，各有优点，这里介绍一种基本的（外侧·内侧·内侧）跑法。

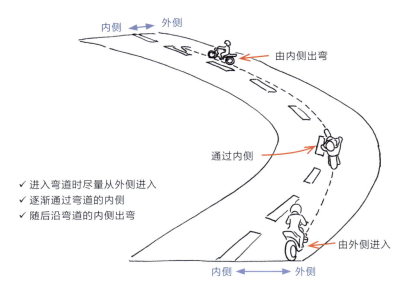

内侧 ⟷ 外侧

由内侧出弯

通过内侧

✓ 进入弯道时尽量从外侧进入
✓ 逐渐通过弯道的内侧
✓ 随后沿弯道的内侧出弯

由外侧进入

内侧 ⟷ 外侧

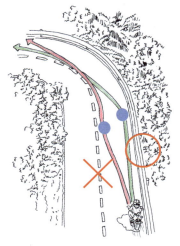

　　贴外侧前行到偏移重心地点这一点说着容易做起来就比较难。大多都是骑手本人在不知不觉中贴向中线。这个从弯道起始点就贴向内侧（中线）的习惯会让你回旋余地变得很小，不得不向弯道外侧膨胀。

● 用轻微的前制动体验放倒、回正的转向过程

对于弯道接连不断、需要迅速做出反应的场景，确实有必要快速偏移重心，而不是用消耗时间的动作幅度大的操控。

因此，逼近你想转向的地方时需要先轻轻带一下前制动手柄，手指动作要轻。此时体重要提前落在偏向内侧的臀部上，腰部也扭向内侧的话效果更好。在这个状态下迅速松开前制动，摩托车会一下子产生一个轻度的倾斜，此时你会实际感受到前进方向突然就折向了内侧。这是随着车身倾斜，同时改变方向（转向）的最基本模式。

随后在微倾的状态下，轻轻带一下前制动手柄。力度大可能会导致打滑，所以极轻的力度即可。制动蹄块接触到制动盘的一瞬间你会感受到摩托车试图竖直起来的那个力。此时要顺其自然，顺应车身竖直的趋势，越是竖直状态，制动力度就可以调得越大。这样你就有可能在希望的任何地点使车身一下子完全直立起来。

如果有连续的平缓下坡弯道，在发动机制动几乎不起作用的状态下，尝试一下单独用前制动竖直车身、放倒，再竖直车身、再放倒的过程。你肯定能体验到清晰的转向，并且能够为下一个弯道提前调整好姿势。

用前制动强化车身竖直，同时体重预加载到内侧	释放制动，利用预先偏移到内侧的体重迅速放倒车身	随后在小倾角的状态下轻勾前制动手柄	让直立起来的车身顺其自然，随后前制动加大力度

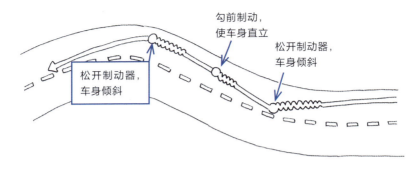

勾前制动，
使车身直立

松开制动器，
车身倾斜

松开制动器，
车身倾斜

● 尝试利用道路宽度确定行驶轨迹

　　实际体验到前制动触发转向的感觉后，就可以练习一下如何
确定弯道的行驶轨迹。

　　山里的连续弯道很多都是前方未知的，原则上要用即使车身
直立也不会向弯道外侧膨胀的外→内→内，而不是外→内→外。

　　所以，逼近弯道时要提前充分减速。以轻度发动机制动的状态
接近入弯点，尽量偏向弯道外侧。此时仍然以轻带前制动手柄、将
体重预先落在弯道内侧臀部的方法，触发小倾角转向过弯的模式。

　　此时，在希望转向的地点，目视前方弯道情况的同时，确定
转向后即将形成的轨迹。基本上都是像下面左图那样，采用从外
侧向中线贴过去的外→内→内模式。待习惯之后，将事先偏移到
内侧的体重在倾斜车身的一瞬间继续偏向内侧，会形成更犀利的
转向。

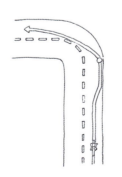

在入弯之前就贴向外侧，
随后瞄准内侧转向

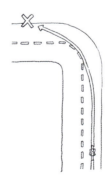

贴向内侧的同时开始转
向的模式是最危险的

像这样从形成转向到由外向内的轨迹设定就需要一定的技巧，即在转向前的一瞬间预留出一段直线距离，不管它有多短。只有这样才会使转向变得非常清晰明确，杜绝上面右图那样的错误。

● 以外侧的曲率确定转向强度

逼近到眼前的弯道到底是急弯还是缓弯，不敢肯定的话心里会惴惴不安。另外，对于最开始的转向强度以及如何组织随后的路径来说，判断第一个弯的曲率是非常重要的。

把弯道外侧想象成一堵墙，如果这面墙对于自己来说是个障碍的话，就是一个近乎90°的弯道；如果看上去有斜着向更远处收缩变窄的感觉，那么就是120°~150°的舒缓弯道。

以下面右图为例，如果是左弯，到达转向点之前先假想一条直着下去的路径，视线则偏向其内侧更远的地方，由此判断弯道外侧的曲率。如果是下面左图的右弯，就简单明了地按照近似直线道路的感觉做出预判，观察与其延长线外侧的夹角即可。

所以入弯前不贴向内侧，而是养成沿着外侧笔直到达入弯点、认准在入弯点转向的习惯，会在不知不觉中掌握判断首弯曲率的方法。

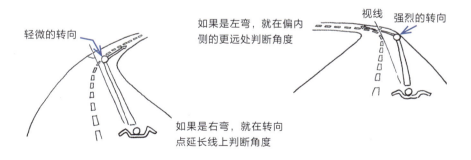

轻微的转向

如果是左弯，就在偏内侧的更远处判断角度

视线　强烈的转向

如果是右弯，就在转向点延长线上判断角度

很多人过弯时总是试图观察中线来判断弯道的急或缓。眼睛追着中线跑的话，实际上大部分是测量与中线的距离的一个连续过程。弯道突然变急的时候，你已经来不及反应被甩向外侧了。所以务必如下图那样，尽可能看远处。

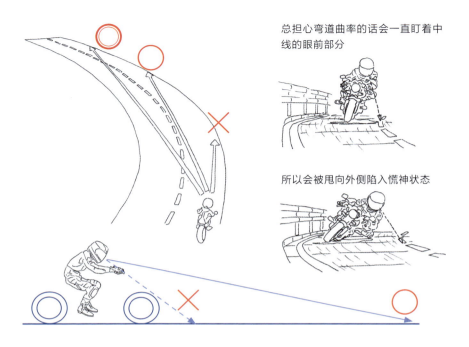

总担心弯道曲率的话会一直盯着中线的眼前部分

所以会被甩向外侧陷入慌神状态

● **如果前方看不清，右弯的难度就更大一些**

　　自由自在地享受连续弯道就必须放弃对弯道方向的挑剔。其实很多人都有这种想法，左弯还可以，对于右弯心里发怵。但左弯又担心外侧就是隔离墩和排水沟，一旦摔车无处可逃，而右弯

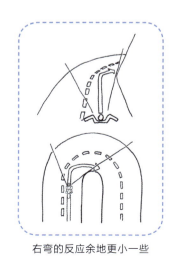

右弯的反应余地更小一些

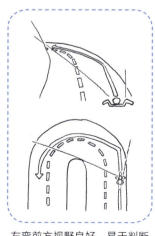

左弯前方视野良好，易于判断

的外侧是道路中线，即使行驶轨迹向外膨胀也就是越过中线进入对向车道而已。很多人都是这种矛盾的心理。但越过中线时万一对面来车就一切都结束了。

当你逐渐熟悉连续弯道之后会发现左弯会更轻松一些。看上图就会明白，左弯的前方视野更好，而右弯的视野差，一旦有情况就必须瞬间采取措施。

所以说，对右弯天然发怵的人，能以判断前方视野好坏的观点去观察弯道的话，一定会随机应变化解难题。而随着技能的提升，也就逐渐打消只擅长某一方向这种念头了。面对需要当即反应的右弯，在操控能力的加持下，会由发怵变为乐趣。

● **对逼近的各类弯道瞬间做出反应**

当具有判断弯道曲率、以制动调整方向（转向）的应对能力后，就不要对倾角和过弯速度过于执着，而要练就面对瞬息万变的弯道的即时反应能力。一旦养成这种不犹豫的应对能力，会逐渐感受到乐趣和自信，带来更高一层的操控进步。

对于逼近的各种弯道，先判断外侧的曲率，立刻确定出入弯速度和转向点以及转向强度，当即调整好相应的制动强度。只要你不专注倾角和过弯速度，对这些信息的判断就没那么复杂。如果养成以较小的倾角和低速入弯的习惯，那么应对能力的进步会来得更早一些。

即使前方是舒缓的右弯，也不能懒散地通过，而应当主动做出轻度的方向调整，这样一来，即使前方有情况也可以应对自如

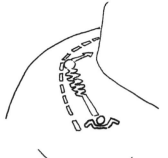

前方是很急的右弯时，以制动带出较强烈的转向，以一旦有情况时确保安全余量的心态贴向内侧

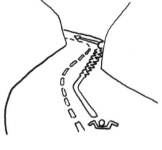

舒缓右弯的前方是一个比较急的左弯时，就要对深处的弯做好易于转向的路径设定

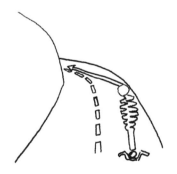

左向是舒缓弯道，但前方被山体遮挡，不知道前方情况，需要为一旦突然弯道变急做好留出空余的准备，以比较强烈的转向尽早贴内侧进入

　　只要去山里体验这些连续弯道时反复练习，会逐渐发现节奏对于所有的动作和操控有多么重要。也就是说，让制动和偏移身体重心都带有一种节奏感，会养成轻松自如的心态，不怕任何弯道。
　　调整制动和偏移重心的轻重及快慢也要排在这些练习之后。

● 克服连续弯道的满足感

　　通过连续弯道的最重要的两点就是①不要忘了节奏感，②不执着于倾角和过弯速度。下图是通过连续弯道时如何尽早确定路径的一个例子。采用"外→内→内"模式，以让自己的路径更富有反应余量为第一追求目标，积极带出节奏感。

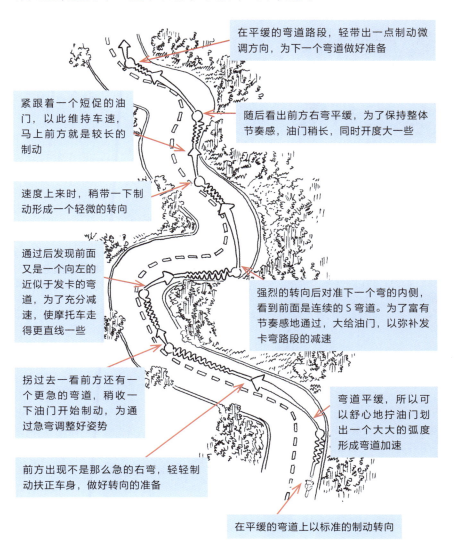

在平缓的弯道路段，轻带出一点制动微调方向，为下一个弯道做好准备

紧跟着一个短促的油门，以此维持车速，马上前方就是较长的制动

随后看出前方右弯平缓，为了保持整体节奏感，油门稍长，同时开度大一些

速度上来时，稍带一下制动形成一个轻微的转向

通过后发现前面又是一个向左的近似于发卡的弯道，为了充分减速，使摩托车走得更直线一些

强烈的转向后对准下一个弯的内侧，看到前面是连续的S弯道。为了富有节奏感地通过，大给油门，以弥补发卡弯路段的减速

拐过去一看前方还有一个更急的弯道，稍收一下油门开始制动，为通过急弯调整好姿势

弯道平缓，所以可以舒心地拧油门划出一个大大的弧度形成弯道加速

前方出现不是那么急的右弯，轻轻制动扶正车身，做好转向的准备

在平缓的弯道上以标准的制动转向

仿赛骑行姿势（1）

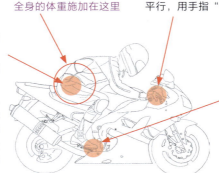

基本骑行姿势（例）

车把上不用力，只是搭在上面
用后背支撑上半身，放松肩部和手腕，手只是搭在车把上。手腕和手背与地面平行，用手指"勾"手柄

向内收下腹
（肚脐以下部分）
以腰部稍微上面的后背部分支撑上半身。逐渐习惯后能感受到肩部、腰部的放松，长时间骑行也没那么疲劳。应有意识地使全部的体重落在臀部和车座的接触面上（不可以用胳膊和手去撑着车把）

全身的体重施加在这里

双膝和脚踝
双膝和脚踝都不用向车体收紧。因为这样会减弱摩托车应有的运动性能，并且会导致大腿从车座上扬，弱化对车座的荷载。直行时两侧都放松，转向时弯道内侧脚放松不用力，脚尖朝前

以"卸力"的方式转向

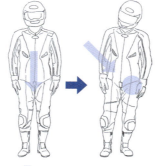

立正
立正状态下（要放松），重心穿过身体的中间直达地面

稍息
随着"稍息"的信号，全身放松，身体重心指向某一侧的臀部（图示例为左侧，重心加持在左侧臀部和脚）。实际上"卸力"指的就是重心偏移

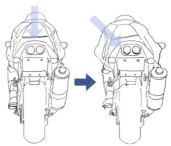

对摩托车的任何方位都不施力，重心自然指向臀部与车座的接触面（直行）。此时如果有多余的力，就无法做到后面的"卸力"。速度上来后肯定会在哪里有较劲的地方，所以一定要给自己留出足够的补救余量

到达转弯地点时，把全身的力量都"卸掉"，使重心偏向弯道内侧的臀部（人车同倾，不向内侧错开腰部），摩托车就会向弯内自然而然地形成倾角，前轮形成舵角

如何才能感受到后轮转向

转向效果强烈

如左图所示，如果你之前以接近完全关闭油门的匀速（驱动力方面几乎是惯性状态）沿着虚线过弯的话，那么这次以卸力（重心偏移）实现转向、拧油门对后轮施加牵引力，就会获得实线那样强烈的转向效果。偏移重心后只要给油门即可，开度越大弯道牵引力越大（过弯越稳定），不仅能清晰地感受到后轮转向，而且完全不用担心前轮打滑摔车

转向效果不佳是有原因的

入弯时的转速如果过高，偏移重心后，就没有什么油门余量了，这样就无法在弯道途中一直保持一个持续的牵引力

关于仿赛的车体

油箱侧面实际上是鼓起来的

猛一看像是被深深削进去一样，其实侧面是鼓起来的，便于向内倾斜时起到支撑的作用。探出来的上缘则适用于支撑胳膊的内侧。这样的造型特定于过弯场景，直行和市内骑行时双膝被撑开，上缘非常妨碍掉头等操作

留意车把的角度

仿赛的车把基本都是强调前倾姿势的很低的分体式，这个高度对于内倾压弯时是合适的，通过骑行姿势的调整并不会感觉有多么低，但对于市内骑行是很疲劳的。另外还需要留意车把的角度，低垂的样子很好看，但也是造成像老鹰那样大把抓的原因

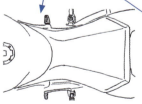

为什么设计成宽体车座

向弯道内倾大幅度错开身体时，大腿横跨油箱后缘与另一侧车座后端的对角线。这样的车座形为的是让骑手更易于稳住车体。表面材质柔软，和连体骑行服贴合度良好。但座高对于较矮的骑士不够友好

位置靠前的脚踏

很多仿赛的脚踏都设置得靠前，这也是内倾时的最佳位置

动力部分的位置也是为了过弯顺畅

发动机的前后长度非常短，而摇臂却非常长。这样有益于转弯和增强弯道内加速时的稳定性

通过连续弯道时内侧脚如何用力

很多人在第一个弯道出弯车身回正并准备进入下一个弯道时，竖直的那一瞬间用双脚用力蹬脚踏实现错开腰部的动作。具体来说就是双脚用力，抬起腰部离开车座。但这样无法实现瞬间的倾角切换，弯道之间间隔很近时会感觉非常恐惧。

可以用内侧脚向前蹬脚踏的方式错开腰部。向前顶脚踏杆，腰部自然开始划圆，保持这个动作，使腰顺其自然沿弧线划向反方向。这个过程不是抬腰，而是好像蹭着车座表面又没蹭上那种擦边球一样的感觉。落座时要与车座表面形成摩擦力。具体动作

过弯时将体重通过大腿加载到车座上。外侧膝部轻触油箱边缘，但双脚没有较劲，浮搁在脚踏上	在弯道出口处进入加速状态，车身稳定时开始用内侧脚向前蹬脚踏偏移腰部	腰部在蹬脚踏的作用下划弧，顺畅地向反方向移动。处于内侧的腰部稳定在与膝部呈对角线的位置	在车体仍然处于向内侧倾斜的状态下，结束这个动作。先使车体回正、稳定之后再进入下一个弯道

正面看

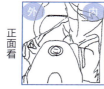  

后面看

实现强烈的转向之后，将体重牢靠地加持在车座上，以备向加速状态过渡，这期间等待驱动力完美地在后轮上转化为抓地力	内侧脚向前蹬脚踏，腰部开始微微向上浮起。由于只是单侧脚用力，所以腰部并不是完全浮起	保持身体恰好蹭上车座的程度持续向反方向偏移腰部。不熟练时可能会蹭上车座，但比完全浮起要好	腰部落座的一瞬间，大腿轻蹭车座表面，平滑顺畅地在摩擦力的作用下停住。此时外侧的膝部轻抵油箱起到支撑作用

142

分解参照上面各图。需要注意的是，应该在完成转向进入加速状态，还处于向弯内倾斜的时候就结束这一套动作。这样就不仅能在连续弯道切换倾斜方向时体会到节奏感，而且不会手忙脚乱。

● 以沉腰姿势尝试

向前面"下沉腰部"

把腰部运用得当是完美过弯的关键所在，要以弯道外侧膝部为支撑点，将腰部向弯道内侧斜前方"下沉"。同时，**以脊椎骨骼和腰部骨骼向内收敛的基本姿势呈圆周划弧、自然滑落即可。** 过弯途中上半身趴下，呈怀抱油箱的状态，就能获得超群的低重心稳定感。

侧面看

后面看

体重加持在与车座接触的大腿和腰上。制动时内侧膝部保持贴着车体的状态下收腰，大腿就会压入车座表面形成很强的摩擦力。做好这些之后偏移身体重心（卸力），就会立刻体验到强烈的转向效果

内倾姿势下很常见的错误就是腰部向正侧方偏移出来，这样会拉长腰部，造成体重重心从车座溜走，并且无法向内收腰从而不得不用外侧膝部支撑身体，这样的话仿赛的高性能无法发挥出来

仿赛车型在沉腰时胳膊自然会贴住油箱。可以根据弯道情况调节贴合的力度大小

外侧膝部也同时轻贴油箱，起到轻度的支撑作用。对外侧膝部施加多余的力会导致指向车座的重心溜掉，让骑手产生不踏实的感觉

内侧的脚对脚踏不用力，轻轻浮搁在上面即可

骑乘全包围高性能仿赛大倾角过弯就要有相应的姿势。一不做二不休的沉腰动作也正是高性能车的乐趣所在。但仅仅做出字面上的沉腰不仅不能诱发良好的转向效果，还会导致车体晃动。所以在此罗列了一些注意点，若能全身放松自然顺应车身姿态，那么恭喜你已经成为专业的骑手。

① 感受身体重心

　　向内收肚脐弯曲后背的下方，同时腰部用力向后顶，这样会与车座良好贴合，增强对车身的控制。弯曲后背下方有助于感受到身体的重心。注意：需要弯曲的是后背下方，而不是上方。弯曲上方只是形成"猫腰"而已，无法形成对后轮的施力。

② 外侧侧腹要收缩

　　仔细感受侧腹部的状态，判断是不是体重（大幅度沉腰时半个臀部和外侧大腿的内侧）施加在了车座上。如果外侧侧腹没有较劲而是收缩成软绵绵的状态，则说明姿势正确。相反，弯道内侧侧腹应该是开满弓的拉伸状态，重心应该在内侧侧腹上。

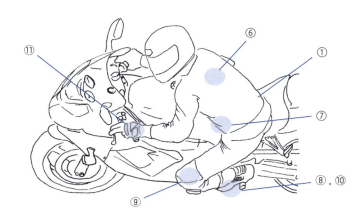

③ 外侧脚虚搭在脚踏杆上

外侧脚轻轻放在脚踏上即可。要做到脚放松、不施力，甚至把脚从脚踏挪开都可以应对车身摇摆的程度。外侧脚底力度大到能站起来的话，预载到后轮上的体重就会泄掉。另外，和车座接触的大腿内侧向内用力会导致重心向外，转向效果欠佳。

④ 膝部贴住油箱但不要贴到有疼痛感

外侧膝部确实需要贴油箱，但力度不可以大到膝关节内侧感觉到疼，应该是轻轻抵住的程度。外侧脚尖向内收敛，轻轻向前蹬脚踏杆即可适度夹住油箱。不能只是为了双腿夹而让外侧腿整体绷紧、较劲。

⑤ 前臂轻贴油箱

外侧的胳膊轻贴油箱外侧。上半身趴下包裹住整个油箱的姿势自然会使前臂内侧贴在油箱上，这样胳膊就不会产生多余的施力。因为胳膊较劲会妨碍前轮的舵角动作。

⑥ 上半身包裹住油箱

上半身要趴下，从搭在车把的双手到胳膊、肩部、胸部形成的上半身内侧的整个面要轻轻地贴在油箱上。胸部可以贴在油箱

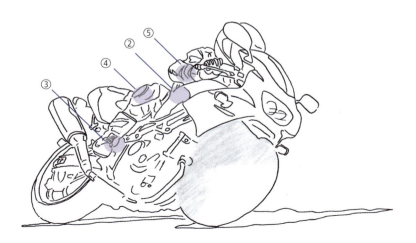

后端。上半身趴下可以使胳膊略微弯曲，形成胳膊上没有多余力量的姿势。

⑦ 拉伸侧腹
　　内侧腹部像开弓一样呈弯曲状态拉长的话，能感受到体重汇集于此。特别是侧腹的下方，如果没有伸长的话，体重无法施加在内侧，也就没有沉腰的意义。另外，要做到自然伸长，刻意的话会导致上半身较劲。

⑧ 脚心轻触脚踏杆
　　沉腰这个动作会促使你试图用内侧的脚支撑身体。但随着脚下用力，摩托车就无法继续转向了，因为想用脚去支撑的时候，不仅重心偏移会中断，施加在车座上的荷载也会卸掉。所以脚心应该是虚踩在脚踏杆上。

⑨ 膝部应处于自然分开状态
　　膝部接近地面时，你肯定是想张开。但过于张开肯定会导致转向不足，同时也会使后轮上的荷载"溜掉"。相反，恰恰是收敛膝部会形成良好的转向效果。即使想向外张开膝部，其幅度也要和卸力多少成正比，并且要自然，这样有助于降低重心。

⑩ 脚尖不要向外撇
　　脚尖朝外的话，膝部也会顺应着向外分开，顺带着下半身重心整体向外分散，影响转向效果。要时刻留意双脚尖务必朝向前方（也就是收紧状态）。很多人都是嫌变速杆碍事，平时就有脚尖朝外的习惯。

⑪ 手心不要用力接触车把
　　手心在车把上施力过大会影响前轮的舵角动作。这相当于用手支撑着体重，指向后轮的荷载也会"溜掉"。此外，还要留意给油加速时不要为了抵消加速惯性力用手拉车把，因为这样也会破坏后轮的荷载平衡。

146

仿赛骑行姿势（5）

● 骑高性能仿赛容易产生的认知误区

下列骑乘姿势不论哪一个都没有致命错误，但都会多多少少存在转向不畅的可能性。可以找块大镜子，对着镜子仔细确认一下自己的姿势哪里存在问题。

靠前坐

由于过弯途中能感受到车体稳定，所以很多高手都靠前坐，甚至腹部都能顶到油箱上，并形成一种习惯。这是因为对前轮的荷载增加，在不知不觉中产生向外膨胀（转向不足）的平衡感，虽说幅度不大，但也能让骑手产生安心的感觉。当然，后轮荷载会因此相应减少，所以在偏移身体重心的瞬间难以指望产生以后轮为主的转向，过弯途中的重心也难以指向弯道内侧，导致整体转向效果不佳。并且，随着向旁边错开腰部，下半身只产生单纯的横向移动并向外咧开，进一步助长这种转向不足的状态。而且速度越快越是向外膨胀。前倾姿势下挺起上半身说明已经形成习惯了。虽然感受到了车体稳定，但一定会形成转向不足。所以建议有意识地保持施加在后轮上的荷载，不能让它溜掉。

油箱全包围式

从腹部向上沿着胸部紧贴油箱，能让人获得对车体的掌控感，并感到安心，所以很容易形成习惯，这也是导致对后轮施力减少的一个很常见的姿势。实际上，这种姿势只会增加对前轮的荷载，助长转向不足的倾向，这个是和容易产生安心感的"靠前坐"类似的状态。另外，两个胳膊肘由于是弯曲的，所以容易让人觉得万一失衡时可以控制车辆，自然也会产生安心的感觉。但在舵角不足的状态下，不仅转向困难，还容易下意识地对车把形成多余的小动作，对你偏移身体重心产生倾角时的车把自然转向造成妨碍。并且下半身也呈现双膝向外分开的姿势，更是助长了转向不足。

靠后坐

很多时候由于过度关注"后轮荷载"，反倒起了反作用。"尽量靠后坐，对后轮增加施力，增强转向效果"的想法不错，但臀部顶着车座后缘的状态下错腰，腰和臀部的下沉幅度并不大。沉腰时应该让臀部划弧，使下半身斜着向前方地面方向错开。臀部外侧接触到驾驶座后缘就足够获得对后轮的施力。以内倾姿势沉腰的情况下，使身体重心尽可能指向弯道内侧的地面方向，以此增强过弯稳定性。如果过于向后收腰，势必会造成上半身趴下的姿势，对后轮的施力也就不那么到位。其结果就是在通过弯道过程中的操控（从偏移重心形成转向入弯到随后拧油门提高牵引力出弯）对转向所发挥的作用都不理想。所以要避免极端的"靠后坐"姿势。

依靠上半身

经常被提到的一个技巧就是偏移身体重心时先从探出肩部开始。这原则上没有问题，而且除了沉腰之外，上半身向弯道内侧探出也是提高内倾效果的一个姿势。这样使得控制车把的双臂容易放松，身体重心也更容易偏向内侧使车身倾斜。但凡事都有个度，过于强调上半身内倾，下半身对后轮的施力也容易溜掉，失去后轮的抓地力。上半身单纯向正侧方偏出来的姿势就容易犯这种失去抓地力的错误，弱化本应以后轮为主线的转向。所以偏移身体重心时，以腰部承受向内倾斜的上半身的重量，保持体重传递在车座上的状态。上半身也不能只朝着正侧方偏移，而是要往下沉。从顺序上说，优先确定腰的位置，随后调整上半身的姿态。

相信很多人都听说过"满胎"这个说法，也就是通过弯道时，轮胎的边缘与地面滚动摩擦，露出轮胎材质本色的意思。纠结这个"满胎"的，往往是刚脱离新手状态或者刚换了大排量摩托车的人。

并且很多人对达不到满胎，在同伴面前抱有自卑感，进山后就找弯道蠢蠢欲动……这种心理和举动会给你带来极危险的后果。

太多的人认为"一压到底，就能满胎"，所以在这种念头下尽可能"提高车速并深深压低车身"或者"弯道内持续压低车身试图实现效果"。

这种压弯的方法明摆着就是等着摔车，并且也不可能达到满胎状态，因为轮胎边缘不是因尽可能放倒车身接触地面而是因受力变形接触地面的。

有的压弯爱好者即使勉强做到满胎也只是轻轻接触到地面，或者轮胎边缘仍然清晰地残留着一个没有压到地面的白圈，这就是"没有使轮胎正确受力"的证明。

所以正确的满胎方法就是"使轮胎完好地受力"。

实现满胎的方法如下所示：

① 将轮胎气压放低（比规定的气压低 10%~20%），比如前轮 2.4kgf/cm³ 降至 2.0kgf/cm³，后轮 2.6kgf/cm³ 降至 2.32.6kgf/cm³。

② 过弯时比平时高一个挡位，低转速多给油。

③ 将体重施加在后轮上。

④ 换装半热熔或高抓地力轮胎。

⑤ 采用侧挂姿势。

需要注意的是，前轮难以实现满胎

偶尔会看到有的骑手大幅度将身体探向弯道内侧的骑行场景，这样做实现的效果之一就是轮胎边缘部分受力变形后滚动接触地面。更准确地说就是"使轮胎变形，获得更多的抓地力"。如果做得到位，即使在较低的法定限速内也能实现满胎效果。另外，有的骑手在驾驶前放低轮胎气压也同样是为了获得更多的抓地力。一上来就侧挂有些勉强的话，可以从内倾姿势开始尝试。先不把腿探出去，而是把臀部探出并沉下去。同时，练习的时候需要干脆地加油、车身回正，软绵绵地放倒车身和没有速度变化的操控都不可取。坐得稍微靠后一些，放松上半身，注意力全部集中在后轮胎上。下赛道或者在专业场地练习是最好的，实在没有精力，也可以找一块能够练习绕8字的场地练习。最快30km/h的速度也不会导致重大事故和车辆损伤。

但练习满胎有几个缺点：

• 越是认真练习越容易摔车。

• 轮胎边缘磨损很快。

• 很难找到理想的场地。

绕8字能体验到摩托车转向的所有动作，除了练习满胎之外，对于转小弯和掉头等操控技术的提高也是非常适合的。

如果不论怎么努力都到不了满胎状态，那是因为轮胎受力不足，而不是速度和倾角不够。

要绝对避免靠着一股蛮劲提速和倾斜车身，同时要注意安全驾驶，留意轮胎温度和气压，穿戴好骑行服和护具。

对于任何人来说，有一个既安全又能一天之内实现满胎的方法，那就是去专业赛道。

专业赛道的路面和公共道路相比，颗粒尖锐粗糙，形成的抓地力完全不是一个等级。一旦下了赛道体验，才会明白非要在公共道路压出满胎是多么幼稚低级的想法。

 **POINT**

侧 挂

- ✓ 将头部保持在"上三角台"的上方，身体的活动范围是以头部为中心的扇面
- ✓ 将腰部尽力向弯道内侧探出、下沉，但不要过分勉强
- ✓ 弯道内侧的脚不用力蹬脚踏，将膝盖大幅度向斜前方分开
- ✓ 使弯道外侧的胳膊肘触碰并用力搭在油箱上
- ✓ 弯道外侧的胳膊肘接触膝盖，保持这个姿势的状态下松开制动，当你试图将体重加持在弯道内侧脚踏时，将其分散到搭在油箱上的外侧胳膊肘和脚上

上三角台 →

第 9 章
经典摩旅线路

高原长途摩旅须知

● 装 备

个人根据车型、自己的实际经验、路况选择所带装备（仅供参考）：

① 证件：身份证、驾驶证、行驶证、车保险卡、银行卡等。

② 护具：头盔、护甲、护膝、护肘、分体式雨衣、雨靴、手套。

③ 用品：手机、相机、充电器、电吹风、剃须刀、墨镜、纸巾、湿巾。

④ 食品：巧克力、牛肉干、能量棒等。

⑤ 洗漱包：毛巾、牙刷、牙膏等。

⑥ 药品：头疼粉、感冒药、消炎药、创可贴、云南白药喷剂、高原红景天（至少提前 10 天服用）、高原安（到达高原后服用）、西洋参含片、诺迪康胶囊（对缓解极度疲劳很有用）、百服宁（控制高原反应引起的头痛）、西洋参（对缓解极度疲劳很有用）、速效救心丸 (不可多服)、丹参丸（治疗心血管）、葡萄糖液（一盒五支的那种，出现高原反应的症状时服用有一定的疗效）等。

⑦ 衣物：换洗衣物、袜子等。

⑧ 随车应急品：补胎工具（熟知使用方法）、打气筒、充气宝、扳手、钳子等。

154

● 如何避免或减轻高原反应

大部分人初到高原，都有不同程度的高原反应，建议初到高原地区时需要留意以下几点：

◆ 不可在高原美景下过度兴奋。

◆ 尽量避免消耗体力。

◆ 进藏的头两天不要洗头和洗澡。

◆ 适量饮水，注意保暖。

◆ 尽量要自身适应高反，不要上来就吸氧，否则会产生很强的依赖性。

传统意义上的新藏线指的是 219 国道，北起新疆喀什地区叶城县的 0km 石碑，南至西藏日喀则市拉孜县查务乡 2140km 石碑，是一条重要的进藏路线。此路平均海拔 4500m，年平均气温 -9℃。沿途翻越 5 座 5000m 以上大山、16 个冰山达坂（即山口）、44 条冰河。

南北走向的新藏线海拔起伏较大（平均海拔 4500m），一路上存在风沙大、高寒缺氧、天气变化无常、补给不足等困难，很多都是搓板路和碎石路。不仅陡坡多，山体滑坡也时有发生。同时住宿和餐饮少，自然灾害频发，盛夏时节都有可能遭遇暴风雪。属于难度最大、"自虐"般挑战自我的最佳线路。一路跑下来，会让骑手的心理更加强大。

由于以拉萨为目的地，所以这里只包括了新 G219 国道（北起新疆喀纳斯南至广西东兴，全长 10000km 以上）的新疆白哈巴至西藏萨嘎县，并转向摩旅胜地拉萨的住宿信息。

● 住 宿

白哈巴（西北第一村、安静怡人）
◆三百所乡村民宿：阿勒泰地区哈巴河县阿克哈巴南村 18082851596
◆白哈巴疆至山野望山居：阿勒泰地区哈巴河县哈巴河西北第一村山庄东侧 100 米 15739599262

铁热克提（绝美公路：铁热克提—贾登峪）
◆东暖客栈：铁热克提乡东暖客栈 18997523637

哈巴河（白桦国家森林公园、五彩滩）
◆哈巴河宾馆：阿勒泰地区哈巴河县阿舍勒东路与幸福北路交叉路口东北角 0906-6616666 0906-6616999
◆三生一宅民宿：哈巴河加依勒玛乡萨亚铁热克村 58 号 18892913777

吉木乃（草原石城地质公园）
◆吉木乃望远山民宿：阿勒泰地区吉木乃县托斯特乡塔斯特新村马产业园民宿 1 号 18290940006

和布克赛尔（和布克：蒙古语"梅花鹿"之意，塞尔："马背"之意）
◆赛尔宾馆：新疆和布克赛尔蒙古自治县赛尔东街 100 号 0990-66713916

达因苏（非常美的边境小镇，万亩油菜花田，需要边防证）
◆第九师一六五团天瑞宾馆：塔城地区额敏县第九师一六五团商贸路 13579797775
◆额敏塔山商务宾馆：塔 219 国道与达嘎段交叉口东 100 米 13565290697 18999741625

塔城（巴尔鲁克风景区、鹿角湾风景区、紫泥泉镇、玛依塔斯等）

◆塔城华悦旅游宾馆：塔城地区塔城市光明路 33 号 0901-6859999

裕民（巴山塔斯特风景区）

◆聚源酒店：塔城地区裕民县规划一路平安汽配城 1 栋 1 层（宏基市场斜对面）0901-6529999

阿拉山口市（常年大风，全国四大风口之一）

◆阿拉山口隆泉酒店：博尔塔拉蒙古自治州阿拉山口市天山街 6 号 0909-6997888

博乐（大西洋最后一滴眼泪——赛里木湖）

◆博乐市夏尔希里大酒店：博尔塔拉蒙古自治州博乐市北京南路 6 号 0909-7708888

温泉（鄂托克赛尔河沿岸美景）

◆圣泉酒店：博尔塔拉蒙古自治州温泉县团结西路温泉小镇 13-01 17590126668

霍尔果斯（"满地都是骆驼粪的地方"——驼队多，贸易多的边境口岸）

◆霍尔果斯逸阁智尚酒店：伊犁哈萨克自治州霍尔果斯市六十二友好南路丝路商业街 3 号楼 301 0999-8964888

昭苏（天马浴河、夏塔、油菜花）

◆玥庭兰舍民宿：伊犁哈萨克自治州昭苏县乌尊布拉克乡东升村祥和路二巷 4 号 15099419666 15999289666

温宿（托木尔大峡谷）

◆塔村光影客栈：阿克苏地区温宿县塔村印象火车主题酒店西北 600 米 18299581423

阿克苏（苹果之乡）

◆阿克苏百间里民宿：阿克苏地区阿克苏市 300 省道与依干其乡规划一路交叉口西 200 米 19390713586

乌什（沙棘林、蝴蝶谷湿地）

◆龙泉大酒店（燕山路店）：阿克苏地区乌什县燕子山路 1 号 0997-6715353

阿合奇 — 苏木塔什（猎鹰之乡）

◆阿合奇县永盛商务宾馆：克孜勒苏柯尔克孜自治州阿合奇县南大街 9 号 13899223788

喀拉峻（喀拉峻大草原）

◆特克斯县喀拉峻伊景大酒店：伊犁哈萨克自治州特克斯县喀拉达拉镇喀甫萨朗村原寄宿制学校校区 13199994222

伽师（七彩山）

◆伽师利群宾馆：喀什地区伽师县古宰尔西路与园区路交叉路口西南侧 0998-6733222 0998-6733666

◆伽师新华西大酒店：喀什地区伽师县巴仁镇团结西路 17 号华西大厦 0998-6696999

岳普湖（达瓦昆沙漠风景区）

◆岳普湖龙欣大酒店：喀什地区岳普湖县文化南路 14 号院 0998-6830888 13031292666

英吉沙（穆孜鲁克湿地公园、土陶村等）

◆英吉沙东方假日酒店：喀什地区英吉沙县芒辛路县政府对面 0998-3623333

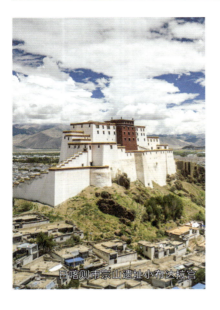

日喀则市宗山遗址小布达拉宫

喀什 — 叶城（全程 246.7km）
叶城 — 三十里营房（全程 364km）
三十里营房 — 大红柳滩（全程 121km）
大红柳滩 — 多玛乡（全程 380km，无人区）
多玛乡 — 狮泉河镇（全程 227km）
狮泉河镇 — 塔钦乡（全程 247km）
塔钦乡 — 帕羊镇（全程 260km）
帕羊镇 — 萨嘎县（全程 231km）
萨嘎县 — 拉孜县（全程 298km）
拉孜县 — 日喀则（318 国道，全程 149km）
日喀则 — 拉萨市（318 国道，全程 270km）

● 住 宿

叶城
◆叶城兴源商务宾馆：叶城县叶城零公里 219 国道越程小区美食街对面　0998-7280333

三十里营房
◆派乐汉堡：和田地区皮山县 G219　18343237777

大红柳滩
◆川鄂缘酒店：和田地区和田县 219 国道旁　18509049384　18197825684

多玛
◆青化宾馆：阿里地区日土县多玛乡 219 国道中石油隔壁（24 小时热水，独立卫生间）
◆美西旅馆：阿里地区日土县多玛乡美西旅馆　13908972784

狮泉河
◆噶尔翰金柏雅酒店：阿里地区噶尔县迎宾大道 1 号　0897-2903333　19888176333

塔钦乡
◆远方的家住宿（普兰塔尔钦店）：阿里地区普兰县塔尔钦（沿塔尔钦公路左手第一家）　18089078068

巴嘎乡
◆普兰东北快餐住宿：阿里地区普兰县巴嘎乡喜马拉雅冈酒店附近 15046412088
◆喜马拉雅冈仁波齐酒店：阿里地区普兰县巴嘎乡神山冈仁波齐风景区内 13989974987

帕羊
◆帕羊川南宾馆饭店：日喀则市仲巴县帕羊镇面面俱到川菜馆对面　13982618864

萨嘎

◆萨嘎县珍嘎尔商务宾馆 日喀则市萨嘎县伦珠街1号 0892-8202323 18389026000

拉孜

◆西部驿站：日喀则市拉孜县曲下镇曲下东路与曲下路交叉口东南角 0892-8912000

日喀则

◆平措康桑青年旅舍：日喀则市桑珠孜区城南街道普彰路12号 18689025980

拉萨

◆拉萨21号摩旅客栈：拉萨市文成公主实景剧场园区21号楼 13527626280

● 加油和检查

　　整个新藏线除了一些较大的县城有正规的加油站，其他一些小镇就很少有正规的加油站了。进入无人区之前的加油站附近有边境派出所，可以先开出备用油证明，再到加油站加油（比如开30L，几个人分开用）。其他地点之间的距离一般不超过150km，只要见加油站就加油，不需要考虑备用油的问题。多玛乡没有95号汽油。由西藏进入新疆之前要在狮泉河更换新疆地区边防证。进入新疆的第一个火烧云检查站有车内物品检查。

帕羊五彩滩

159

G317 川藏北线

　　G317 川藏北线起点为四川成都，终点为西藏那曲，全长 2030km。"十三五"期间最终延长至阿里地区的噶尔县。这条进藏线路上有亚青修行地、唐蕃古道上的查尔玛大殿、格鲁派寺庙甘孜寺、苯教最古老寺庙滋珠寺等数不胜数的寺庙，是一条神圣壮美的景观大道。

类乌齐县卡玛多塔林

成都 — 马尔康（全程 361km）
马尔康 — 甘孜（全程 350km）
甘孜 — 昌都（全程 505km）
昌都 — 类乌齐（全程 114km）
类乌齐 — 丁青（全程 165km）
丁青 — 那曲（全程 475km）
那曲 — 拉萨（全程 332km，109国道）

● 住　宿

马尔康（海拔 2900m，从成都出发走川藏北线，多数摩友会先在马尔康市逗留。酒店集中在马尔康镇摩梭河两侧的达萨街以及相距 10km 的卓克基镇）

◆绒鑫源宾馆：马尔康市马尔康镇达萨街 492 号　0837-8660222（老板是摩友，摩托车可直接进大堂）

◆马尔康小官寨民宿：四川省阿坝藏族自治州马尔康市卓克基镇商业街 56 号 15756981115

甘孜（海拔 3350m，317 国道穿甘孜县而过，但很多旅馆都在与 317 国道并行的 217 国道两侧。客栈或青年旅社都颇具藏族特色）

◆布珠民居布珠三姐妹青年旅社：雅江县河口镇相克宗村　18380486653

昌都（海拔 3550m，317 线上除成都外最繁华的城市，在昌都市选择住宿时，可重点考虑市中心的天津广场附近，紧邻国道 317，酒店资源较多，价格一般在 200~400 元浮动）

◆小志摩友接待站：昌都市左贡县左贡润驰客栈　0895-4808175

类乌齐（海拔 3850m，宾馆、旅店主要集中在富民路和人民中路两侧）

◆生态湿地大酒店：类乌齐县人民中路县政府旁　18389052777

◆友谊宾馆：昌都市类乌齐县 类富民路 1-13 号　0895-4501234

◆大山重庆宾馆：昌都市类乌齐县长寿小康路类乌齐县人民政府东南侧 70 米 0895-4504433

◆巴里岛假日酒店：类乌齐县 317 国道与滨江路交叉路口东南 100 米　0895-4713333

丁青县（海拔 4641m，餐厅、住宿等资源主要分布在丁青大道两侧。价格 100~200 元，距离孜珠寺约 1 小时车程。由于丁青县的海拔在 3800 米左右，部分客房会提供弥漫式供氧，易高反人群在选择时可格外留意这一点）

◆丁青云朵大酒店：丁青县迎宾大道中学对面　0895-4590999

◆丁青县贵宾驿站旅店：丁青县琼布大道西街加油站斜对面　13989053434

◆丁青县骑旅青年客栈：昌都市丁青县尺牍镇　15889051512（后院可停放摩托车）

那曲（海拔 4570m，那曲的住宿条件明显有所提高，低中高档酒店应有尽有。比如位于热闹繁华的辽宁路附近的四星级酒店（300~400 元）

◆兰岸大酒店：那曲市色尼区那曲镇 通 站路 109 国道旁　0896-3334462 13889008826（车可以骑到后院）

羊八井（从当那曲前往拉萨约 330km 的途中，部分旅行者会选择在羊八井镇再停留一晚，主要为了享受羊八井天然地热温泉）

◆羊八井蓝天温泉酒店：拉萨市当雄县羊八井镇中尼路 6 号　15608176171（价格 300 元起，包含标间和 24 小时温泉。夜晚在露天温泉中可以欣赏满天星辰，部分房间可以欣赏到远处的雪山美景）

拉萨（海拔 3650m）

◆拉萨瑞吉度假酒店：拉萨市城关区江苏路 22 号　15089099559

◆拉萨圣徒客栈：拉萨市城关区嘎玛贡桑路与藏热南路交叉口西约 160 米　0891-6468666　17711913885　17711916663

● 饮　食

　　沿途大多是汉族人开的川菜馆，另有一些回族餐馆。可以吃到当地的特色风味——酥油糌粑，以及新鲜的时令蔬菜，还可以到当地的乡村民寨品尝纯正的西藏美食。糌粑、酥油茶、牦牛肉、藏面、甜茶、青稞酒都可以说是当地的特色。

● 加　油

　　整个川藏北线的县城都有大型加油站，进入西藏后加油站数量减少，最理想的是随车有些备用油。

梅里雪山

昆明 — 大理（全程 330km）
大理 — 丽江（全程 204km）
丽江 — 香格里拉（全程 168km）
香格里拉 — 德钦（全程 193km）
德钦 — 盐井（全程 122km）
盐井 — 芒康（全程 112km）
芒康 — 左贡（全程 158km）
左贡 — 邦达（全程 107km）
邦达 — 八宿（全程 95km）
八宿 — 波密（全程 219km）
波密 — 林芝（全程 219km）
林芝 — 拉萨（全程 407km）

● 住　宿

大理（海拔 1976m，体验极致的苍山、洱海、三塔寺、喜洲民居、鸡足山等，古城中客栈丰富）

◆天成客栈：大理市一塔路南门新村 23 号　0872-2381595　13305492277（地域骑士云南总部，骑者联盟成员。提供住宿、救援，以及简单的摩托车维修一条龙服务）

丽江（海拔 2420m）

◆丽江古城岁月驿栈：古城区祥和路 202 号　0888-5320888　15812227956

香格里拉（海拔 3459m，可选星级酒店集中的市内或民居式客栈众多的独克宗古城）

◆香格里拉雪儿客栈：香格里拉市建塘镇金龙街达拉廊 96 号　15708873622（地域骑士服务站，提供维修救援服务，适合停留几日，进藏前适应高海拔）

德钦（海拔 3400m，看梅里雪山要看住飞来寺还是雨崩村）

◆雪山诺野奢帐篷酒店：迪庆藏族自治州德钦县雨崩上村 1 号　13608885011（位置很好，三面落地窗，窗外风景很美，视野良好，可以看三面雪山）

◆德钦滇藏客栈：德钦县奔子栏镇书松村车巨社 009 号　15284573298（主要服务摩友）

盐井（海拔 2400m，位于芒康县盐井乡澜沧江东西两岸，是我国唯一保持完整最原始手工晒盐方式的地方）

◆珠穆朗玛酒店：昌都市芒康县纳西民族乡214国道盐井中学北150米　0895-4738848（房间空间大，窗户直接观景）

芒康（海拔4317m）
◆芒康云曲庄园酒店：芒康县芒康曲孜卡乡觉瓦路靠近曲孜卡乡邮政所　0895-4736868

左贡（海拔3750m）
◆小志机车接待站：左贡县鹰志摩旅民宿服务酒店内　19919803286（提供住宿、餐饮、车辆检修）

邦达（海拔4334m，设施较为完善，有很大的服务区。但海拔较高，需要留意高反，做好应急准备）
◆邦达毛哥大酒店：八宿县邦达镇214国道邦达运输站斜对面　15889054970

八宿（海拔3260m）
◆八宿摩旅接待站：昌都市八宿县成渝宾馆东北50米（白玛下街15号）

15086663090

波密（海拔2700m）
◆平措康桑度假酒店：林芝市波密县318国道客运汽车站斜对面　0894-5201234
◆途友庄园酒店：林芝市波密县古乡川藏南线318国道3977km处　17789942288
◆寓见你花园民宿：林芝市波密县桑登大道南侧（扎木城关派出所斜对面）　18930466285

林芝（海拔2900m）
◆十间房摩旅客栈（十间房花园民宿）：波密县扎木镇桑登村（三支队对面，有超大院子）　15089055655　18798943303

拉萨（海拔3658m）
◆拉萨老男孩约跑客栈：拉萨市城关区纳金乡加莱村5组　0891-6344262

　　周边支线景点：昆明滇池、大理古城、丽江古城、虎跳峡、金沙江大拐弯、白马雪山、独克宗古城、帕纳海景区、梅里雪山、千年古盐田、然乌湖、墨脱（需要边防证）、许木乡、尼洋河谷风景区、卡定沟、巴松错、直贡梯寺、甘丹寺等。

　　★需特别注意路段：香格里拉至飞来寺、白马雪山隧道出口、如美镇下山路段、业拉山下坡天路七十二拐。

云南金沙江长江第一湾

318国道起点为上海，终点为西藏日喀则地区聂拉木县樟木口岸的中尼界河友谊桥，全长5476km，川藏线通常是指318国道中成都至拉萨这段2142km的路段。川藏南线在北纬30°线上，被誉为"中国最美的景观大道"。

康定市 新都桥镇

成都 — 康定（全程327km）
康定 — 雅江（全程139km）
雅江 — 巴塘（全程300km）
巴塘 — 如美（全程150km）
如美 — 八宿（全程310km）
八宿 — 波密（全程220km）
波密 — 林芝（全程230km）
林芝 — 拉萨（全程400km）

巴塘县姊妹湖

● 住　宿

成都
◆摩道俱乐部：成都市崇州市街子镇余庆村279号　18180920175

雅安
◆四海大酒店：四川省雅安市雨城区平安路38号　0835-2629088

泸定
◆泸定雅卓别院：四川省甘孜藏族自治州泸定县泸桥镇雅卓子村一组33号　18090427080

康定（海拔2560m）
◆新航摩旅：菜园子村68号318国道旁　18783654320

新都桥
◆新都桥瓦泽乡漫花客栈：康定市新都桥镇营关村（康藏华庭斜对面）18081170736

雅江（海拔2569m）
◆布珠三姐妹青年旅社：雅江县河口镇相克宗村　15983749169

巴塘（海拔 2580m）
◆胖姐摩友接待站：巴塘县夏邛镇 318 国道 0836-5623715
◆巴塘德喜宾馆：巴塘县民族街 23 号 0836-5626333

芒康
◆渝辉商务酒店：西藏自治区芒康县宁静路 11 号 18708027566
如美（海拔 2650m）
◆芒康如美温泉大酒店：芒康县如美镇竹卡存江东组 27 号 18787645206

左贡
◆润驰客栈：昌都市左贡县旺达中街 9 号鹰志摩旅民宿服务酒店院内 0895-4552087 18990879226（提供住宿、救援、保养和维修服务）

邦达
◆磐石营青年旅舍：昌都市八宿县邦达镇 214 国道吉祥茶馆东北侧 70 米 18049485804 18182212030

八宿（海拔 3260m）
◆地域骑士接待站：昌都市八宿县白玛镇八宿县兴源宾馆 15086663090

波密（海拔 2750m）
◆波密有个小院民宿：波密县沿江路与墨脱公路交叉口东南 280 米 17867643456
◆雪域江南民宿：林芝市波密县扎木镇扎木村村委会旁 18208041166

然乌
◆平安饭店：昌都市八宿县然乌镇派出所西行 500 米 15348952299
◆然乌老兵饭店：昌都市八宿县然乌烟桥公司旁 18908955652

林芝（海拔 3010m）
◆十间房摩旅客栈：林芝市波密县扎木镇桑登村 15089055655（有超大院子）
◆平措大叔家庭旅馆：林芝市巴宜区平措家庭旅馆 18184977555（周边有高原牧场，可享受藏香猪和石锅炖鸡）

拉萨（海拔 3650m）
◆一路吉祥机车主题民宿：城关区纳金中路俄杰塘社区 2 组 49 号 13187318318
◆拉萨纵横机车俱乐部：拉萨市城关区文成公主文化旅游主题园 C 区 5 号楼 13648909252
◆游骑部落机车接待站：拉萨市当热东路 132 号

纳木错

165

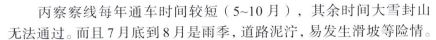

丙察察至拉萨

丙察察线每年通车时间较短（5~10月），其余时间大雪封山无法通过。而且7月底到8月是雨季，道路泥泞，易发生滑坡等险情。

通常从云南大理出发，翻越贡山，穿越丙中洛—察瓦龙—察隅，到然乌后汇入国道G318，然后沿G318西行，最后到达拉萨，全程约1720km。

大理—永平—泸水—老姆登村（全程350km）
老姆登村—知子罗（记忆之城）—独龙江乡（全程250km）
　★独龙江大峡谷里生活着独龙族，少女有纹面习俗，拍摄需要收费。
独龙江乡—怒江第一湾（贡当神山上的观景台是观赏怒江第一湾的绝佳位置）—丙中洛镇（全程120km）
　★丙中洛镇终年云雾缭绕，被誉为"人神共居之地"，在此可游览桃花岛、重丁教堂等地。
丙中洛镇—石门关—雾里村—秋那桶村（怒江传统村落）—滇藏界（沙土路面 缓慢行驶）—老虎嘴—V字大拐弯—大流砂（常有砂石掉落，避开雨季）—察瓦龙乡（最大的补给点，可住宿、用餐、加油）（全程79km）
察瓦龙乡—雄珠拉垭口(弯道较多，海拔4636m)—目若村(有住宿、餐馆、牧场等)—昌拉垭口（海拔4498m）—益秀拉垭口（海拔4706m）—察隅县（被誉为"雪域小江南"，位于河谷地带）（全程226km）
　★从察瓦龙到察隅县是从原始森林到翻越雪山的路段。
察隅县—然乌湖—来古冰川—米堆冰川—波密（全程294km）
波密—鲁朗—色季拉山口—林芝（全程227km）
林芝—拉萨（全程400km）

察隅到察瓦龙段益秀拉垭口

丙察察线昌拉垭口

166

● 住　宿

老姆登村

◆老姆登云境原舍民宿：怒江傈僳族自治州福贡县匹河乡匹碧线老姆登村防干组68号 15308867577（摩友聚集之地）

独龙江乡

◆贡山云途酒店：怒江傈僳族自治州贡山独龙族怒族自治县茨开镇茨开路78号 0886-3588988　13988697386（摩旅接待站）

丙中洛镇

◆贡山壹号院康养度假酒店：怒江傈僳族自治州贡山独龙族怒族自治县丙中洛镇甲生村甲生组 0886-3059666

察瓦龙乡

◆察隅梅里酒店：林芝市察隅县察瓦龙乡扎那路032号 13120026777 15657255599

察隅县

◆察隅平安大酒店：林芝市察隅县沿江东路2号 13550772860

波密

◆寻找一千遍民宿：波密县茂名路完全小学东侧约100米 15521661637（摩友聚集之地）

林芝

◆三秋别院：林芝市巴宜区双拥南路323号 17607178303（提供住宿、维护、保养等服务，摩旅接待站）

◆林芝龙门客栈：林芝市巴宜区八一镇迎宾大厦188号福建公寓 15608943456（摩旅接待站）

拉萨

◆一路吉祥机车主题民宿：城关区纳金中路俄杰塘社区2组49号 13187318318

◆拉萨追梦客栈：城关区雪新村拉鲁社区3组674号 18208018058

丙中洛

　　G109 国道起点为北京西二环的阜成门桥，途经河北、山西、内蒙古、宁夏、甘肃、青海和西藏，全长 3922km。青藏线是指从青海省西宁到西藏拉萨这一部分。青藏线是世界上海拔最高（平均海拔 4700m）、线路最长的柏油公路。穿越戈壁滩、可可西里无人区（从格尔木至那曲，沿途一千多公里很多地方都没有人烟），可看到草原、戈壁、盐湖、山脉、荒漠等景观，翻越昆仑山口、风火山口、大小唐古拉山口等高山垭口，跨越昆仑河、楚玛尔河、沱沱河、通天河等河流。

西宁 — 倒淌河（全程 123km）
倒淌河 — 茶卡（全程 196km）
茶卡 — 格尔木（全程 484km）
格尔木 — 五道梁（全程 269km）
五道梁 — 沱沱河（全程 150km）
沱沱河 — 雁石坪（全程 91km）

雁石坪 — 唐古拉山口（全程 100km）
唐古拉山口 — 安多（全程 89km）
安多 — 那曲（全程 138km）
那曲 — 当雄（全程 164km）
当雄 — 羊八井（全程 75km）
羊八井 — 拉萨（全程 78km）

● 住　宿

西宁
◆西宁秘境玛城青年旅舍：西宁市城东区果洛路 13 号　13997164166

倒淌河（文成公主西嫁东望之地）
◆亲湖宾馆：青海省海南藏族自治州共和县倒淌河镇倒淌河景区青藏路 47 号　13209747799

◆文成宾馆：共和县倒淌河镇共和路 7 号　0974-8516106　15209748799

茶卡（海拔 3100m）
◆茶卡盐湖金恒基大酒店：青海省海西蒙古族藏族自治州乌兰县茶卡镇巴音路 8 号　0977-8242555（有制氧机）

◆青盐宾馆：青海省海西蒙古族藏族自治州乌兰县交通街 16 号　0977-8240254

格尔木（海拔 2780m，适合多停留几天以预防进藏线上的海拔急剧升高造成高反。从海拔 2780m 的格尔木出发，到唐古拉山口，短短的 160km 海拔就上升 1800m）
◆东岳机车：青海省海西蒙古族藏族自治州格尔木市七中斜对面　13897054158

五道梁（海拔 4636m）
◆西尔顿商务宾馆：青海省玉树藏族自治州治多县　17609777767

沱沱河（海拔 4750m）
◆长江源宾馆：格尔木市沱沱河唐古拉山镇 109 国道旁　0979-8441611（地暖非常热）

雁石坪（海拔 4700m）
◆重庆大酒店：格尔木市雁石坪镇　13983094627

◆四川快捷酒店：格尔木市 109 国道旁　13989964928

安多（海拔 5200m）
◆三江源大酒店：那曲市安多县安狮东路 109 国道旁（青藏公路综合服务区内）0896-3662333（有制氧机）

那曲（海拔 4570m）
◆那曲四季富氧酒店：色尼区文化中路 11 号文苑商贸大厦 2 号 2 楼 0896-3991666

当雄（海拔 4300m）
◆四季阳光精品酒店：当雄县 109 国道中石油加油站西南 50 米 0891-6710058（紧邻 109 国道，带电梯）
◆当秀富氧酒店：当雄县友谊路 17 号 18008919673

羊八井（海拔 4500m）
◆羊八井地热温泉度假村：拉萨市当雄县 304 省道 15608176171

拉萨（海拔 3650m）
◆一路吉祥机车主题民宿：城关区纳金中路俄杰塘社区 2 组 49 号 13187318318
◆青春不负流浪摩旅客栈：城关区智慧城公寓对面小巷 18670010023

昆仑雪山全景

　　新疆地域辽阔（166.49万平方千米），是中国陆地面积最大的省份，整个新疆被天山山脉一分为二（南疆和北疆）。北疆有准噶尔盆地和阿尔泰山，主要以戈壁、森林、草原、雅丹等地貌为主；南疆有塔里木盆地、帕米尔高原和青藏高原，东西两侧是吐鲁番盆地和伊犁河谷。俗话说不到新疆不知中国之大，不到西北不知中国之美。在新疆这片土地上骑行能欣赏到草原、沙漠、戈壁、森林、雪山、湖泊、冰川等美景。

禾木村

● 住　宿

禾木

◆西融·禾木 VIP 民宿：阿勒泰地区布尔津县禾木喀纳斯蒙古族乡禾木村新村 3 号站 160 19109063888

布尔津

◆白桦林野奢营地：阿勒泰地区布尔津县国道 G217 线旁 19309068559

克拉玛依

◆克拉玛依雪莲宾馆：克拉玛依市克拉玛依区油建南路 1 号 0990-7526000

清水河镇

◆瞻德酒店（霍城清水河店）：伊犁哈萨克自治州霍城县清水河镇团结路国贸商业街 1 栋 3-6 层 0999-7780888 18160369275

◆清水大酒店：伊犁哈萨克自治州霍城县清水河镇上海路 39 号 0999-7856000

特克斯八卦城

◆特克斯鹿也客栈：伊犁哈萨克自治州特克斯县阔博街三环 28 号 17799493431

库尔勒

◆库尔勒梨城花园酒店：巴音郭楞蒙古自治州库尔勒市萨依巴格辖区滨河二号小区金河俱乐部 0996-2066777

尉犁

◆百哈庄园：巴音郭楞蒙古自治州尉犁县达西村风情街百哈庄园 15299368998

富蕴

◆山舍微岚民宿：阿勒泰地区富蕴县可可托海镇民主路 2-101 0906-8780666 19300711212（紧邻地质博物馆，有 2 人间、4 人间（160 元/床）、6 人间（100 元/床）、8 人间（80 元/床），非常适合摩旅入住，环境干净整洁，摩托车停车非常安全，自家制温馨早餐）

特克斯八卦城夜景

● 住　宿

奎屯

◆奎屯晴天假日酒店：伊犁哈萨克自治州奎屯市北京路街道乌苏街4栋九号 0992-7250999

◆自在酒店：伊犁哈萨克自治州奎屯市天北新区春晖路88号 0992-6696777

巴音布鲁克

◆云尚尊酒店：巴音郭楞蒙古自治州和静县273县道东50米 0996-5350195

◆龙兴国际大酒店：巴音郭楞蒙古自治州和静县东归大道布鲁克景区中心旁 0996-5350333

库车

◆库车饭店：阿克苏地区库车市天山中路266号 0997-7999999（2个单人床的标间338元，有摩托车停车位）

◆库车艾尚民宿酒店：阿克苏地区库车市长江路28号 15628185888（1.8m大床房200元，有摩托车停车位）

阿克苏

◆华鑫大酒店（110乡道）：阿克苏地区阿克苏市乌喀路160号（三角地国道与迎宾路交会处） 0997-2161888

◆阿克苏老街民宿：阿克苏地区阿克苏市依干其乡依干其村4组（阿克苏老街景区内） 0997-6630666

喀什

◆喀什沙漠驼铃汽摩自驾游俱乐部：喀什地区喀什市西环路新农小区西南侧约270米

◆喀什市旅梦人民宿：喀什地区喀什市多来特巴格乡10村1组47号 17647533602

塔什库尔干

◆盘龙壹号塔吉克民宿：喀什地区塔什库尔干塔吉克自治县塔什库尔干乡瓦尔希迭村二组240 15109981868

◆塔什库尔干雪山景民宿：喀什地区塔什库尔干塔吉克自治县塔什库尔干乡瓦尔希迭村496号 18399106251

莎车

◆莎车丝路驿栈：喀什地区莎车县满洲涝坝景区内 18099865229

塔中（《新龙门客栈》拍摄地 塔克拉玛干沙漠中的石油小镇，不足2000人）

◆塔中瀚海拾贝快捷宾馆

库尔勒

◆哈尼小院：巴音郭楞蒙古自治州库尔勒市结帕尔村一组6号院 13779686602

塔什库尔干盘龙古道雪山公路

喀纳斯月亮湾

独库公路，是一条一年里只开放四个月，纵贯天山南北，短时间内感受到四季变幻的绝美公路。北起独山子，南至库车，全程561km，大致需要2~3天的行程。途经雪山、草原、湖泊、戈壁、沙漠，是可以和川藏线相媲美的景观大道。

北段：独山子 — 那拉提（全程250km）
中段：那拉提 — 巴音布鲁克（全程61km）
南段：巴音布鲁克 — 库车（全程250km）

独山子大峡谷

● 住 宿

独山子
◆克拉玛依疆山印象民宿：克拉玛依市独山子区喀什路8号 19990278001（一家具有石油情怀的民宿，巨大的院子，停车方便）
◆乌兰萨德克639丝路驿站：塔城地区乌苏市乌兰萨德克639驿站北侧 15739738666

那拉提
◆云水间民宿：伊犁哈萨克自治州新源县那拉提镇那拉提东街39巷003号 18699915222（舒适双人间、原木豪华房大床房、亲子间、豪华房）

巴音布鲁克
◆江格尔传奇露营基地：巴音郭楞蒙古自治州和静县布鲁克景区内
◆和静雪域酒店：巴音郭楞蒙古自治州和静县217国道旁 0996-5381111

库车
◆独库 – 北山驿站：阿克苏地区库车市阿格乡北山村 13830556321
◆库车市摩范民宿客栈（花宫农家院）：阿克苏地区库车市伊西哈拉镇141乡道 15569331283

独库公路 秋色

175

● 住　宿

星星峡（新疆东大门、进疆第一镇）

◆星星峡服务区星星宾馆：哈密市伊州区 G30 连霍高速与星星峡服务区交叉口南 220 米　19109353034

哈密（越野者的天堂——雅丹大海道）

◆哈密阳光酒店：哈密市伊州区前进东路火车站东侧　0902-7187588 15349927777

鄯善（吐峪沟大峡谷、麻扎村）

◆鄯善县若水酒店：吐鲁番市鄯善县鄯善镇幸福路 555 号　0995-6288999

◆沙旅民宿：吐鲁番市鄯善县公园路与二工路交叉路口向东约 50 米 18199283115

吐鲁番（葡萄沟、火焰山、坎儿井）

◆吐鲁番葡萄泉客栈：吐鲁番市高昌区葡萄沟街道葡萄沟风景区王洛宾音乐馆南 400 米　18196083999

◆吐鲁番游民青年旅舍：吐鲁番市高昌区葡萄沟达甫散盖 2 队 66 号 13579298370　17797953613

达坂城（王洛宾的《达坂城的姑娘》）

◆舍家大院：乌鲁木齐市达坂城区八家户村五队　15026026698（独家舍氏蒸肉：大粒秘制羊肉馅料的圆形肉龙）

乌鲁木齐（大巴扎、天山大峡谷）

◆乌鲁木齐南山雅集民宿：乌鲁木齐市乌鲁木齐县近郊 031 县道板房沟乡中梁村 7 队　0991-5903200

◆乌鲁木齐县蓝山美墅酒店：乌鲁木齐市乌鲁木齐县水西沟镇平西梁村 89 号 13394914993

◆乌鲁木齐县庙邸野行家民宿：乌鲁木齐市乌鲁木齐县水西沟镇庙尔沟村 236 号 18009917811

石河子（凉皮）

◆润晨酒店：石河子市 14 小区 11 号 105 栋　0993-2676555

沙湾（大盘鸡）

◆101 驿站：塔城地区沙湾市 S101 省道紫泥泉镇三连小区 5 栋 1 号 17799431283　18580258888

安集海大峡谷晚霞

奎屯（安集海大峡谷）

◆云居酒店：伊犁哈萨克自治州奎屯市天北新区天玺广场　0992-6866666

◆奎屯晴天假日酒店：伊犁哈萨克自治州奎屯市北京路街道乌苏街4栋9号　0992-7250999

乌苏（乌苏大峡谷、乌苏啤酒）

◆乌苏汇泉丽都宾馆（127团场店）：塔城地区乌苏市乌苏127团场启明大道奎屯国民村镇银行旁　0992-3977679

精河（巴音阿门、大小海子、木桶鱼、枸杞）

◆精河玉新酒店：博尔塔拉蒙古自治州精河县锦福路锦园小区90号楼　0909-5886666　0909-5886668　13319097810

◆精河迎宾馆：博尔塔拉蒙古自治州精河县伊犁路33号　0909-7716666

霍尔果斯（果子沟大桥）

◆全季酒店（霍尔果斯店）：伊犁哈萨克自治州霍尔果斯市亚欧北路28号　0999-6587766

◇丽枫酒店（霍尔果斯国门店）：伊犁哈萨克自治州霍尔果斯市滨河路与亚欧北路交会处南50米　0999-8799999

新疆果子沟大桥

● 住　宿

依吾（47.6 万亩的原始胡杨林）
◆金胡杨酒店：哈密市伊吾县振兴东路 19 号　0902-6726888

巴里坤（巴里坤古城）
◆巴里坤佳圣大酒店：哈密市巴里坤哈萨克自治县满城商业楼　0902-7189111

木垒（童话世界般的马圈湾）
◆胡杨宾馆：昌吉回族自治州木垒哈萨克自治县人民北路守静园北侧　0994-4837266
◆木垒幸福大酒店：昌吉回族自治州木垒哈萨克自治县人民北路 526 号　0994-4860666

奇台（圣水之源——江布拉克）
◆奇台华逸酒店：昌吉回族自治州奇台县吐虎玛克中街 2 区 12 丘 244 栋 8 号 0994-7358888　13999352874
◆奇台天意酒店：昌吉回族自治州奇台县沙依巴克路 1 区 7 丘 67 栋 112 号 0994-7377777

吉木萨尔（车师古道）
◆孚盛原大酒店：昌吉回族自治州吉木萨尔县斜街历史文化商业街 B 区 1 号楼 0994-8362333

阜康（天山天池）
◆小鹿别居民宿：昌吉回族自治州阜康市博峰街道准噶尔路有色苑小区平房 12 号　13999351317
◆天池大酒店：昌吉回族自治州阜康市迎宾路与博峰路交叉口东南 50 米　0994-8850000
◆乌鲁木齐县庙邸野行家民宿：乌鲁木齐市乌鲁木齐县水西沟镇庙尔沟村 236 号 18009917811

五家渠（青格达湖）
◆五家渠梧桐酒店：五家渠市新疆 102 团　0994-5650888
◆君豪温德姆酒店：五家渠市兵团一零一团北海西街 999 号　0994-2588888

克拉玛依（遍地都是磕头机的重镇）
◆天鼎容锦园林宾馆（克拉玛依独山子店）：克拉玛依市独山子区北京路 2 号 0992-7278811
◆克拉玛依雪莲宾馆：克拉玛依市克拉玛依区建南路 1 号　0990-7526000　0990-7526111　0990-7526118

托里（超级狂风）
◆迎宾馆：塔城地区托里县喀拉盖巴斯陶南路 127 号 0901-3683222
◆海盛大酒店：塔城地区托里县喀普其克路百佳商贸大厦（客运站北侧）　0901-3752999

额敏（风干肉）
◆额敏迎宾馆：塔城地区额敏县迎宾南路东一巷 016 号　0901-7685777　0901-7685888
◆额敏宜鑫大酒店：塔城地区额敏县郊区乡郊东村 658 号　0901-7687777

塔城（羊腿面包、货场牛排）
◆塔城市卓悦酒店：塔城地区塔城市闻琴路 99 号卓悦百盛购物广场 4 号楼 3 层至 6 层　0901-7664444
◆独秀大酒店：塔城地区塔城市南环路北　0901-6666333

天山天池

巴里坤古城

● 住 宿

若羌（罗布泊、楼兰古城）

◆若羌遇见楼兰青年旅舍：巴音郭楞蒙古自治州若羌县库尔干路十一巷 005 号 18096886099

◆若羌楼兰羌调民宿：巴音郭楞蒙古自治州若羌县铁干里克镇果勒吾斯塘村风情路与和谐路交会口 39 号 13709968527

且末（且末古城）

◆且末县玉泉湾商务宾馆：巴音郭楞蒙古自治州且末县丝绸东路昆仑大厦 0996-7930999

◆沙漠之星酒店：巴音郭楞蒙古自治州且末县埃塔北路红枣大厦 106 号 0996-7611666

民丰（尼雅遗址）

◆尼雅湾大酒店：和田地区民丰县人民北路 18 号 0903-7823333 0903-7883333 18240968991

◆民丰宾馆：和田地区民丰县尼雅东路 219 号 0903-7827222

于田（克里雅古道）

◆于田凯旋商务酒店：和田地区于田县团结路 29 号 0903-6817111

策勒（板兰格草原）

◆巴厘岛假日酒店：和田地区策勒县英巴扎东路 55 号 0903-6748888

罗布泊无人区

洛浦（阿其克乡千山河谷）
◆洛浦凯鑫酒店：和田地区洛浦县 315 国道世纪新城小区 7 号商业楼 2 层 9 号 15559411116

和田（团城、夜市）
◆和田迎宾馆：和田地区和田市公园西路 66 号 0903-2965555

墨玉（大蒜烤肉）
◆墨玉县华洋国际大酒店：和田地区墨玉县火车站路 55 号 0903-7829888

昆玉（昆仑山大峡谷）
◆昆玉川东主题酒店：昆玉市京昆大道浩天综合楼 5、6 号房屋 0903-2529666

皮山（石榴之乡、桑株古道）
◆皮山美达酒店：和田地区皮山县胜利路 2 号 0903-6179999

叶城（"不灭的悬崖"——锡提亚迷城）
◆德隆精品酒店：喀什地区叶城县昆仑大道叶城广播电视台东 80 米路南 0998-5798666

泽普（金湖杨国家森林公园）
◆泽普瑞美酒店：喀什地区泽普县前程路叶尔羌河民宿文化博物馆南 80 米 0998-8196666

莎车（阿依布隆景区）
◆莎车丝路驿栈：喀什地区莎车县城中街道巴格恰阿勒迪社区 2 组 5 号 18099865229

英吉沙（穆孜鲁克湿地、土陶村）
◆速 8 精选酒店（英吉沙店）：喀什地区英吉沙县南湖南路英吉沙县水利局旁 0998-3796666

疏勒（牙普泉巴扎）
◆融泉大酒店：喀什地区疏勒县巴合齐路 6 号（左岸明珠小区对面） 0998-6537888

喀什（喀什古城、帕米尔高原、白沙湖）
◆喀什古城美居酒店：喀什地区喀什市恰萨街道人民东路 272 号 0998-8887777
◆喀什市戈壁滩青旅民宿：喀什地区喀什古城西区巴其格巷民宿街 18097956193 18099876066
◆喀什麦田青年旅舍：喀什地区喀什市恰萨街道帕依纳甫路 8 号 0998-2825588

罗布泊无人区

附　录

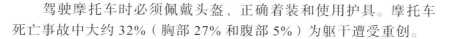

　　驾驶摩托车时必须佩戴头盔、正确着装和使用护具。摩托车死亡事故中大约 32%（胸部 27% 和腹部 5%）为躯干遭受重创。

骑行服
- 尽量不暴露身体的着装（长袖、长裤）
- 其他交通参与者易于辨认的颜色
- 尽可能穿戴护具，以备万一摔车时保护身体

手套
- 符合手的大小，易于手指活动
- 优良的防滑材质
- 冬季具有良好防寒性

靴子
- 合脚且脚踝活动自如
- 易于操控
- 驾驶挂挡车时防止鞋带造成意外事故

头盔
- 具有 3C 认证标志
- 符合头部尺寸
- 严格系好搭扣

雨天

更换机油

每一款摩托车都有详细的使用、保养手册，厂家规定的保养标准和细则是基于车辆特性所确定的。实际使用过程中，不同的驾驶习惯，会造成车辆不一样的磨损状态，所以一定要结合车辆的实际使用情况合理地保养。

● 磨合期

磨合期是指新车里程在 0~1500km 的时期。通常在 300km、800km、1500km 时更换机油，以便及时排出发动机内部产生的微小废屑。在磨合期内不要猛加油，车速建议控制在 60~80km/h（大排量车型控制在 100km/h 以内）。保持一定的用车频率，尽量1~2 天骑一次车，不要长时间放置后突然又来个小长途。磨合期内不要给车辆施加过大的负载。每个挡位上不要提速过高、反复换挡骑，尽量不要带人或爬陡坡。

当行驶里程达到厂家要求的首保公里数后去销售店的售后部门做保养。保养包括更换机油、检查胎压、检查制动系统以及各螺丝松紧情况。

● 如何选择机油

摩托车机油除了润滑以外，还有散热，密封、清洁等作用。大排量高功率车型建议使用半合成或者全合成机油。即使是小排量车型，如果频繁在市内穿行或长途、高速等场景，仍然建议选择半合成或者全合成机油。

选择摩托车机油时要考虑黏度和品质等级。

摩托车机油的黏度级别适用美国汽车工程师学会（Society of Automotive Engineers，SAE）分类。

摩托车机油的品质等级适用美国石油学会（American Petroleum Institute，API）标准，此标准是衡量机油质量的综合标准。其中的 S 为汽油发动机，机油品质从低到高分为 SA、SB、SC、SD、SE、SF、SG、SH、SJ、SL、SM 和 SN。字母序列越往后，说明机油的品质越高，比如 SJ 级就优于 SF 级的机油。摩托车需

185

要使用 SF 或高于 SF 级的机油。SL 级别之后，基本上是合成机油，对发动机有更充分的润滑保护，机油的更换间隔可以更长。机油品质级别符合每个时代汽车制造商对机油要求的标准。例如 SH 级别的机油符合 1994 年到 1996 年厂商的标准。进口摩托车一般需要选择 SG 级别或者更高等级的机油。

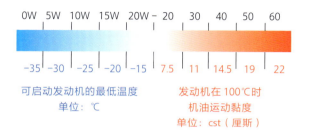

机油型号中 W 前面的数字代表机油的流动性能，数字越小就代表抗低温性能越好。15W 表示零下 20℃以下可以正常流动，0W 表示零下 35℃以下可以正常流动，10W 可以在零下 25℃以下正常流动。后面的数字代表机油的高温黏度，数字越大黏度越大，高温下油膜保持能力越好。挑选机油型号时需要考虑你所在地区的冬季最低气温，如果冬季气温会低于零下 20℃，那么就要用 10W40。

在选择机油时，可以根据摩托车发动机的特性和自己的驾驶环境及习惯来选择，如果经常在炎热的夏季市内骑行，就要使用黏度高一些的机油来保护发动机，最好是比保养的目标公里数提前几百公里更换机油。

　　摩托车可分为有内胎的轮胎和无内胎的轮胎（也就是通常所说的真空胎）。有内胎的轮胎在遇到扎胎后会迅速漏气导致无法行驶，并且需要把内胎拽出来后进行修补，所以摩友都要去专业的维修店才能解决。而真空胎的轮毂边缘和轮胎边缘在充气至规定气压后密切配合，即使被路面上的钉子等异物刺入，空气也不会迅速漏光，遇到扎胎时大多都可以借助快速补胎工具自行解决。当下大致有塞胶条、内补、蘑菇钉、火补、自补液等几种补胎方式。方法虽然多种多样，但炎热的夏天补片也有开胶的可能，内补费时费力，自补液也会对轮毂造成一定腐蚀。在此介绍道路上不用拆卸轮胎或他人帮助，自己就能动手解决的塞胶条法。此方法利用橡胶胶条的弹性以及硫化性，达到对扎伤部位的永久密封。修理完之后轮胎无须内补，无须考虑高低温，对 6mm 内扎伤都有效。

　　① 找到漏气部位，将异物用图中的黄色钳子拔出。

　　② 用锥形锉插入车胎被扎出的孔中，将孔的创面锉出毛茬，随后涂满起橡胶硫化作用的胶水。探伤时要顺应钉子类刺入时的角度。

③ 把涂满补胎胶水的螺旋锥插入轮胎扎伤部位。使伤口内涂满补胎胶水，把螺旋锥插入拔出，重复这个动作 3~5 次使伤口内充满硫化剂，直到感觉丝滑。

④ 把胶条穿入补胎扎针前端的孔内并置中，随后双面均匀涂抹胶水。此时探伤用的锥子保持在创伤孔内。

⑤ 把补胎扎针一插到底，从而把胶条带入轮胎内部，外部会留出两股胶条的尾部。随后向外拽补胎扎针，把胶条拉出，使其高于胎面 1cm 即可。这样扎伤位置的孔内就有四股胶条，从而达到对扎伤部位的良好密封。

⑥ 用小刀把多余的胶条割掉，剩余胶条高于胎面 2mm 即可。

　　日常生活中勤于保养，链条的使用寿命才会更久，骑行才会安全、顺畅。链条的保养频度应以骑手的驾驶风格和环境等因素为准。如果磨损或松动的话，可直接调节链条继续使用，但磨损到链条的节距明显大于链轮的齿距，就该换新链条了。摩托车链条应按要求定期进行调整，在调整过程中要求其保持良好的直线度和松紧度，所谓直线度便是保证大小齿盘与链条在同一直线上，只有这样才能保证齿盘和链条不致磨损过快和在行驶中不掉链子。

　　先准备好清洗剂、链条油和刷子。

　　① 清洗。摩托车一般行驶 1000km 左右就要洗一次链条。如果因泥泞道路等脏得很快，应随时清洗、上油。一般油封链条只是需要上油，没必要经常洗，频繁清洗只会损伤链条，造成异响，加速磨损。只要泥沙和油污不是太多，就不必特意清洗。油污厚重时可先用刷子将链条上的油泥清除一遍。有大架或者起车架的情况下，可以将车辆后轮架空，挂空挡。用清洗剂和刷子一段一段地做初步清洗。在清除大部分油泥使链条露出原本的金属后，再用清洗剂喷洗一遍，随后用干布擦拭干净。

　　② 润滑。将专用链条油均匀喷涂在清洗过后的链条上即可。

专用油中含有抗磨损的二硫化钼，选用附着力更好的油基，使其不易甩油。链条油都是瓶装式的喷罐，使用和携带很方便。上链条油周期：建议每200~300km喷一次，喷一圈即可，或者中长途出行出发前喷一次。长途旅行的话应直接随车携带。另外，雨天骑行后链条干涩，所以雨后也最好上一次链条油。

③调整。清洗和润滑结束之后，根据链条的松紧度再进行调整（链条张紧度一般为10~20mm，应参照摩托车使用手册上的数据进行调整）。这个步骤建议在专业店实施。

骑行顺口溜

行车安全	安全车速 交通法规	管右手 心中留	头盔必戴 护具到位	锁紧扣 不心揪
车辆特性	左右偏移 姿态随速	自然倾 似陀螺	直行稳定 转向灵活	拖曳长 拖曳短
骑乘姿势	膝腿踝脚 人车一体 肩肘腕手 环绕气团 按需收放 视线随弯	贴车身 双腿夹 皆放松 斜搭把 手与脚 尽远眺	头肩同扭 灵敏转向 温和转向 腰腹承受 增强后轮 左右出弯	看弯心 稍靠后 微向前 惯性 G 附着力 坐斜后
制动特性	前似撞墙 前后力度 巡航弯梁	后开伞 合理配 主用后	普通街车 后刹提前 同步刹车	七与三 零点五 稳又短
弯道骑行	标准同倾 低速掉头 雨天浮尘	求稳妥 优外倾 内倾安	慢入快出 降挡补油 反向推把	要牢记 平转速 秒避险